Rita Issberner-Haldane
Formen und Linien der Hand

Rita Issberner-Haldane

Formen und Linien der Hand

Typische Merkmale für Charakter und Beruf

Verlag Hermann Bauer
Freiburg im Breisgau

Die Deutsche Bibliothek – CIP-Einheitsaufnahme

Issberner-Haldane, Rita:
Formen und Linien der Hand : typische Merkmale
für Charakter und Beruf / Rita Issberner-Haldane. –
1.–5. Tsd. – Freiburg im Breisgau : Bauer, 1992
    ISBN 3-7626-0442-8

Mit 7 s/w-Abbildungen und 12 Zeichnungen.

1992
ISBN 3-7626-0442-8
© 1992 by Verlag Hermann Bauer KG, Freiburg im Breisgau.
Umschlag: Werbeservice Wartenberg, Staufen.
Satz: CSF ComputerSatz GmbH, Freiburg im Breisgau.
Druck und Bindung: Wiener Verlag GmbH, Himberg.
Printed in Austria.

Inhalt

Geleitwort   7

Erster Teil
Charaktereigenschaften und ihre Kombination . . .   11
Mantische Deutungsbezeichnungen   41

Zweiter Teil
Hand- und Fingerformen
Linien der Innenhand   43
Handtypen   67

Dritter Teil
Berufseignung nach chirosophischen
Grundsätzen   87

Vierter Teil
Merkmale für die verschiedenen Berufe 119

Fünfter Teil
Praktische Beispiele für Berufseignung 177
Berufsanalyse 184
Die Linienstruktur der Innenhand als Verbindungs-
schlüssel zum Plan der Evolution 186
Beschreibung zu der Hand auf dem Einband 190

Geleitwort

Die große Gemeinschaft der Schöpfung ist aus einmaligen Individuen geprägt. Das bezieht sich auf alle Natur- und Elementarreiche. Die Einmaligkeit in dem großen Wir läßt die Geborgenheit und das Lebendigsein erkennen. Zu dieser Ganzheit führt alle Selbsterkenntnis, die jeder mit sich selbst und durch sich selbst schulen, erarbeiten muß. Die Evolution erfolgt durch die Bewußtseinsentwicklung. Es ist die Stellungnahme vor dem höheren Selbst.

Die Wissenschaft hat den genetischen Steckbrief jedes einzelnen 1985 im Fingerabdruck erkannt. Das Erbgut wurde in Form eines Bandenmusters (Strichcode auf Preisschildern ähnlich) entdeckt. Das Strichmuster im Fingerabdruck ist bei jedem Menschen anders. Das individuelle Muster wird nach festen Regeln vererbt. Der genetische Fingerabdruck kann heute eine Vaterschaft erklären.

Da jeder Mensch einen einmaligen Bauplan in sich trägt, wird er mit diesem und mit sich selbst konfrontiert. Wißbegierde führt ihn dazu, diesen zu studieren und bewußt mit seiner eigenen »Konstruktion« zu arbeiten. Der erste Schritt, im Plan der Evolution mitzuwirken, ist dann vollzogen.

Die Chirologie – das Wissen über Gestalt und Plan der Hände – ist wie ein Buch, aus dem der Mensch lernt und womit er Verstehen und Kontrolle erlangt.

In der vorliegenden Schrift sind einzelne Kapitel beschrieben worden, die zum Verständnis für Befähigung und zur Berufung führen. Positive Haupteigenschaften bilden immer die Grundlage für ein gutes Fundament. Die geistige Betrachtungsweise entwickelt das Gebäude der Erkenntnis, verdeutlicht und verfeinert das kosmische Gebilde.

Das Woher findet sich in der Unendlichkeit, das Wohin schließt den Kreis der Unendlichkeit. Bewußtsein hat wachsenden Anteil an den Beziehungen der Geschöpfe in allen Bereichen des Seins.

In den Händen zeigt sich die Verknüpfung zum Lebendigen.

Wer sich begreift, hat den rechten Platz seines Wirkens und die rechte Einstellung dazu.

Beruf sollte Berufung sein. Aus der Berufung erfolgt das Dienen an sich und den Mitmenschen.

Jeder Handeigner lernt seine Persönlichkeit kennen, die geschult wird aus den seelisch-geistigen Beziehungen, um das große Wir des Lebens zu erfassen.

Seele und Geist bilden die treibende und tragende Kraft dazu.

Durch die Selbstermittlung eröffnen sich neue Perspektiven und bilden den Wegweiser zum höheren Selbst, zum inneren Wesen hin.

Einfach ist zu verstehen:

»Jeder Mensch ist seines Glückes Schmied, es zu gewinnen liegt in seiner Hand. Glück ist mit sich eins zu sein, mit sich selbst zurechtzukommen, sich selbst anzunehmen, Unglück ist, es nicht zu tun.«

Da es immer gelingt, einen Weg zu finden, löst sich jedes »Unglück« auf. Einsicht ist die geistige Kraft für den inneren und äußeren Weg.

Ernst Issberner-Haldane gab 1931 die Schrift *Lexikon der wissenschaftlichen Handlesekunst und der Berufseignungsprüfung nach der Chirosophie* in Druck.

Im Fortschritt des Zeitgeschehens wird der Drang nach Orientierung und Information immer intensiver. Die vorliegende Schrift soll dazu einen Beitrag leisten. Die Unterlagen wurden gesichtet, ergänzt und neu gestaltet.

Nicht nur der Berufsberater, sondern jeder strebende Mensch kann daraus hinzugewinnen, seine Denkebene bereichern und den Weg zu seiner inneren Mitte entdekken. »Erkenne dich selbst« ist ein Begriff, der durch alle Zeiten und Epochen Gültigkeit besitzt. Er ist die Schwelle des Aufstiegs und führt zur Selbstsicherheit und Nächstenliebe – dank der geistigen Führung und den mitwirkenden lieben Freunden.

Der bekannte okkulte Forscher G. W. Surya schrieb an Ernst Issberner-Haldane: »Ihr Werk *[Die wissenschaftliche Handlesekunst – Chirosophie]* ist so einzig dastehend, da ich kein zweites kenne, welches in so kurzer Fassung so viel wertvolles und hauptsächlich praktisch erprobtes Material bietet. Bewunderungswürdig, tief und erhaben ist aber auch der philosophisch-metaphysische Aufbau des ganzen Buches. Ja, so kann nur ein Mensch schreiben, der wirklich in den Geist der Geheimwissenschaften erfolgreich eingedrungen ist. Ebenso vortrefflich sind auch die zahlreichen medizinischen Hinweise, die in Ihrem Buche zu finden sind, so daß es nebenbei eine Diagnose aus der Hand ermöglicht. Es ist ohne Zweifel das beste Buch über Handlesekunst. Möge Ihr wundervoll geschriebenes Buch zahlreiche Auflagen erleben und zum Heile des wahren Okkultismus alle minderwertigen Bücher verdrängen.«

Um Hände einwandfrei analysieren zu können, sollte die *ganze* Thematik beherrscht werden. Als Erleichterung dafür ist diese alphabetische Aufstellung über die wissenschaftliche Handlesekunst gedacht, eine Veröffentlichung, die bisher in der entsprechenden Literatur fehlte und die nun zur Verbreitung und zum leichteren Beherrschen dieser Wissenschaft beitragen soll.

Dieses Nachschlagewerk soll den chirologisch Fortgeschrittenen sowie den auf diesem Gebiet fachlich Tätigen dienen – Bezeichnungen wie Geld, Reichtum, Ehren (angesehene Position) finden sich hier nicht, da es hierfür kaum zutreffende Zeichen gibt. Außerdem sind es nur Begriffe unseres derzeitigen Kulturstandes. Beispielsweise ist Glück ein innerer Zustand, der nichts mit äußeren Begebenheiten oder Verhältnissen zu tun hat. Solange wir »Geld« als Glück ansehen, haben wir den Sinn des Wortes »Glück« noch nicht begriffen.

Erster Teil

Charaktereigenschaften und ihre Kombinationen

Der allgemeine Gebrauch von Bezeichnungen für Charaktereigenschaften wird durch den Mangel an sachlichem Denken vielfach mißbraucht. Zu oft werden Intelligenz mit Schlauheit, Güte und auch Gutherzigkeit mit Dummheit, Fleiß mit Gier nach materiellen Gütern und Erfolgen, wirklicher Adel mit Hochmut oder Hoffart, Bescheidenheit mit Dummheit, Anstand mit Scheu, Bedachtsamkeit oder Überlegung und Vorsicht mit Feigheit, Hilfsbereitschaft mit Unterwürfigkeit oder Angeberei, Großzügigkeit mit Verschwendung – wie in anderer Richtung Eigentum mit Besitz – verwechselt.

Solche Irrtümer können leicht zu Ungerechtigkeiten, manchmal auch zu Beleidigungen führen.

Sehr viele Eigenschaften – zutreffend für die meisten – setzen sich aus mehreren zusammen. Aus diesem Grunde sollte man sich bewußtmachen, was diese Bezeichnungen aussagen. Zum Beispiel: »Eifersucht« ist eine Zusammensetzung aus Neid, Mißtrauen, Dummheit und Stolz.

Die Analysierung von Eigenschaften ist zum Teil physiologisch erklärt und alphabetisch geordnet.

Diese psychologische Wissenschaft ist ein notwendiger Bestandteil der Charakterkunde und wird oft viel zu wenig beachtet. Sie ist notwendig für alle Psychologen, Graphologen, Chirologen, Astrologen, wie auch für alle, die sich beruflich oder privat mit Charakterwissenschaften beschäftigen, besonders für Erzieher und Lehrer, um die Menschen genauer und gerechter beurteilen zu können und verstehen zu lernen.

Für die Berufswahl bilden die Charaktereigenschaften die Basis für den Erfolg, so daß es unerläßlich ist, diese zum Verständnis voranzustellen.

Abwechslungsdrang: Aktive Unruhe; Neugierde aus innerer Leere; Betriebsamkeit.

Adel: Herz und Vernunft; Tugend oder Meisterschaft; Gesinnung; hohes seelisches Niveau.

Ängstlichkeit: Mangel an Mut; Mangel an Herzkraft und Selbstvertrauen.

Ahnen: Vorausempfinden, ist ein Wahrnehmen des Kommenden.

Anhänglichkeit: Gemeinschaftsgefühl und -bedürfnis; Treue; oder: Langeweile, Hohlheit, Gewohnheit.

Ärger: Reizbarkeit; Mangel an Toleranz (Bestrafung von Unarten anderer an sich selbst).[1*]

Affektiertheit: Hohlheit; Eitelkeit; geschwächte Energien; geschwächte Gesundheit.

Aktivität: Kraft; Wille; Energie; Streben.

Albernheit: Kindlichkeit; Hohlheit (Dummheit); Erschöpfung.

Anerkennung: Achtung; Toleranz; Sachlichkeit.

Anlehnungsbedürfnis: Schwäche; Mangel an Selbstvertrauen; Mangel an Wärme (Magnetismus).

Anmaßung: Übertriebenes Ichbewußtsein; Übermaß an Kraft durch Ichbezogenheit; Übermaß an Willen durch Ichbezogenheit; Herrschlust.

Anmut: Innere Ruhe; Harmonie; Charme; (Magnetismus).

Anpassung: Harmoniewunsch; Gutwilligkeit; Materialismus; Schwäche der Persönlichkeit, Scheinfrieden.

Anspruchslosigkeit: Bescheidenheit; Interessenarmut; oder: geistige Reife.

Anstand: Selbstzucht; Ethik; Toleranz; geistige Klarheit.

Apathie: Ohne Erkenntnis; Mangel an seelischer Kraft; Kraftlosigkeit des Herzens.

Argwohn: Vorsicht und Mißtrauen aus negativer Erfah-

---

* Die hochstehenden Ziffern beziehen sich auf die weiterführenden Erklärungen ab Seite 33 ff.

rung; oder: Mangel an Menschenkenntnis; wenig Instinkt, keine Reife.

Aristokratisch: Edles Herzdenken, vornehme Gesinnung.

Ästhetik: Schönheitsempfinden; negativ: übertriebenes Ich-Empfinden.

Auffassung: Intelligenz; Begriffsvermögen.

Aufgeregtheit: Unruhe des Herzens; Mangel an Gleichmut.

Auflehnung: Empörung über Persönlichkeitsbedrohung und Ungerechtigkeit.

Aufmerksamkeit: Wachsame Seele; gesteigertes Interesse; Wißbegierde.

Aufrichtigkeit: Echtes Erkennen; Offenheit; Wahrheitsliebe.

Ausdauer: Wille; Kraft; Geduld; Energie und Zähigkeit.

Barmherzigkeit: Menschlichkeit; Güte; Mitempfinden.

Bedächtigkeit: Innere Ruhe; Geduld; Überlegung.

Beeindruckbarkeit: Geöffnete Seele; Mangel an Persönlichkeit.[37]

Befangenheit: Innere oder äußere Scheu; Mangel an Mut und an Persönlichkeit.

Befürchtung: Seelisches Gelähmtsein; Geistig-seelische Unsicherheit; Verhalten unklar und negativ; Herabsetzung des Selbstvertrauens und der eigenen Persönlichkeit.[15]

Begeisterung: Überschwang freudiger Erregbarkeit und Fantasie; Mangel an Nachdenklichkeit; Mangel an Kritik.[3]

Beharrung: Eigenwillige Persönlichkeit; zähes Wollen aus Überzeugung – positiv oder negativ.

Beherrschung: Selbstzucht; Wille (Ordnung); Ruhe.

Berechnung: Intellekt; Egoismus; materielle Einstellung; sachliches Denken.

Beschaulichkeit: Gemütsruhe; Harmonie; Erlebnisbereitschaft und geistige Vertiefung.

Bescheidenheit: Zurückhaltung; Demut; Bedürfnislosigkeit; Selbstlosigkeit; persönliche Unfähigkeit; negativ: Minderwertigkeitsgefühl; geistiges Niveau: Wissen, Weisheit, Güte, Größe.[40]

Besessenheit: Ideenfanatismus.[4]

Beständigkeit: Selbstzucht; Charakterfestigkeit; Ruhe.

Betrübnis: (Selbstbelastung!) Seelischer Druck; Mangel an Herzkraft und Lebensfreude; Mitgefühl.

Betrug: Egoismus; Berechnung; Materialismus; Habsucht.

Blasiertheit: Eitelkeit; Überheblichkeit; Geltungsdrang aus körperlicher Schwäche und auch Blutarmut.[5]

Bockigkeit: Unverträglichkeit; Geltungsdrang; Eigenwilligkeit (die »Energie der Dummen«).

Bösartigkeit: Gottverneinung; Schadenfreude; Rachsucht. Borniertheit: Dummheit und sturer Eigenwille ohne Einsicht.

Bosheit: Mißbrauchter Intellekt.[6]

Brutalität: Böswillige Quälsucht; Gewalttätigkeit; Herrschlust.

Charakter: Das Festhalten an angeborenen und erworbenen geistigen Denkprinzipien und Wesenseigenheiten.

Charakterschwäche: Schwäche des Willens und der Knochen (Mangel an Kalk).

Charme: Persönlicher Magnetismus; Anziehungskraft.

Dankbarkeit: Herz; Güte; Einsicht; Liebe.

Demut: Ehrfurcht vor dem Höchsten; negativ: Mangel an Persönlichkeit.

Despotismus: Rechtsmißbrauch; Herrschsucht; Quälgeist.

Dieberei: Materielle oder geistige Habsucht; Neid; Unehrlichkeit; krankhaft: Kleptomanie.

Diplomatie: Verschwiegenheit; Schläue; negativ: Hinter-

list (die gesellschaftlich erlaubte Unaufrichtigkeit und
der Versuch, etwas ohne den geringsten Widerstand
zu erreichen).

Diskretion: Charakterfestigkeit; Verschwiegenheit, kein
Herabsetzen anderer.

Disziplin: Selbstzucht; Wille; Ordnung.

Dreistigkeit: Taktlosigkeit; Wille und übertriebener Mut
(veredelte Frechheit).

Dünkel: Hochmut; Hohlheit; Eitelkeit.

Dummheit: Oft angeboren. Verminderte Intelligenz;
Mangel an Überlegung und Geist.

Edelsinn: Siehe Adel.

Egoismus: Ichbezogenheit, sich in den Mittelpunkt stellen; Rücksichtslosigkeit.

Ehrfurcht: Tiefes Empfinden für die höhere Wesenheit in
jedem Leben.

Ehre: Ein Begriff für Anerkennung, steigert Ichwertemp-
finden.

Ehrgeiz: Überbetontes Streben, oft auf Kosten anderer
und ihres Könnens, teils mit Intrigen verbunden.[7]

Eifrigkeit: Geschäftiges Streben.

Eifersucht: Schutzbedürfnis und Angst vor Verlust eines
anderen (Mischung von Neid, Mißtrauen, Dummheit
und Stolz); Minderwertigkeitsgefühl.[8]

Eigensinn: Eigener Sinn: Persönlichkeit; Beharrlichkeit;
Mut; Selbstbehauptung; Bockigkeit; Bewußtsein der
Richtigkeit eigener Überzeugung – oft Rechthaberei.

Eigenmächtigkeit: Selbstbewußtsein und Reife – oder:
Unreife und Dreistigkeit.

Eigennutz: Siehe Egoismus.

Einbildung: Geistig-seelischer Bildner der Fantasie;
negativ: beispielsweise Eitelkeit.

Eingenommenheit: Betrachtung: nicht objektiv, beispielsweise Protektion.

Empfindung: Ein Sehnen nach Erfüllung ohne Zielsetzung. Empfindungsmenschen werden häufig von Stimmungen bewegt.[9]

Einseitigkeit: Begrenztes Denken, oft konservativ.

Einteilungssinn: Voraussicht; Wirtschaftlichkeit (Ökonomie); Aufmerksamkeit; Sinn für Ordnung.

Eitelkeit: Mangel an Geist; innere Leere und Ichbespiegelung; Unehrlichkeit gegen sich selbst; Minderwertigkeitsempfinden; Mangel an Selbstbewußtsein; Vorspiegelung falscher Tatsachen; mehr scheinen wollen als sein.

Eleganz: Schönheitssinn; äußere Vornehmheit; oft Grazie.

Empfänglichkeit: Aufgeschlossenheit; Suggestibilität (Beeinflußbarkeit).

Empfindlichkeit: Ichbezogenheit; Gekränktsein.

Empfindsamkeit: Feinnervigkeit; Sensibilität; Inspiration, Innenwissen.

Energischsein: Kraft- und willensbetonte Aktivität.

Engherzigkeit: Begrenztes Empfinden und Denken; verkrampfte Persönlichkeit.[10]

Erhabenheit: Reife und Größe des Wesens; ideales Gedankenbild ohne Objektivierung.

Enthaltsamkeit: Verzicht; Erkenntnis; Zurückhaltung; Disziplin; oder: Schwäche; Fanatismus.

Entsagung: Schwäche oder: Einsicht und Mut.

Entschlossenheit: Überlegung; Wille; Mut, Konsequenz.

Ergebenheit: Demut; Treue; Güte.

Erotik: Geist-seelische Liebe; Charme.[11]

Erregbarkeit: Gereizte Feinnervigkeit.

Erwerbssinn: Streben nach geistiger oder materieller Bereicherung.

Erwerbssucht: Egoismus; Fleiß (überaktiviert); Tätigkeit (überaktiviert); Habsucht.

Expansion: Freiheitsbestreben (Ausbreitung); Unternehmensdrang (Ausdehnung).

Extravaganz: Außerhalb der Norm; Eitelkeit; sich exponieren.

Extravertiert: Nach außen gerichtete seelische Expansion, analog im Umweltverhalten.[12]

Falschheit: Ichbezogen; Egoist; »Schauspieler«; gottlos; hinterlistig; verlogen; diplomatisch.

Fanatismus: Intellektuelle Einseitigkeit; seelisch beengt; verkrampft.[13]

Fantasie: Seelisches Empfinden und Gestalten mit bildlichem vorausschauendem Denken.

Faulheit: Unlust aus Phlegma durch zu dickes Blut; oder: Schwäche (zu dünnes Blut) und Drüsenstörung.

Feigheit: Schwäche des Herzens, daher ängstlich; oder: Befürchtung einer Gefahr (übervorsichtig).

Feingefühl: Feine Nerven; Instinkt; Gewissen; Witterung.

Fixe (feste) Idee: Überzeugung; Reife; Charakter; oder: Wahn.[14]

Flatterhaftigkeit: Scheut sich festzulegen; innere Unruhe; Mangel an Konzentration.

Fleiß: Persönlicher Einsatz; Streben; aktive Schaffenslust; Freude an Tätigkeit.

Flüchtigkeit: Eile oder Nachlässigkeit; mangelndes Bewußtsein.

Förmlichkeit: Disziplin; Einordnung; Beengung; konservatives Denken; oberflächlicher Charakter.

Freigebigkeit: Großzügigkeit; Hilfsbereitschaft; Sorglosigkeit; Güte.

Freimütigkeit: Mut; Gradheit; Offenheit; Ehrlichkeit.

Freude: Angeregte, schwungvolle Empfindung.

Freundlichkeit: Güte; menschliche Zuwendung; negativ: Verstellung.

Freßlust: Materielle Begierde; unbewußte Angst vor Verhungern; Lebensgier; Sinnenmensch; Geschmacksbegeisterung.

Frohsinn: Herzlichkeit; Geselligkeit; sanguinisches Temperament (lebensbejahend, unbeschwert, optimistisch).

Frömmigkeit: Religiosität, andächtig.

Frömmelei: Unaufrichtigkeit; Heuchelei; Scheinheiligkeit.

Fügsamkeit: Anpassung; Verträglichsein; Einsicht – oder Schwäche.

Furcht: Mangel an Herzkraft (= Schwäche); Mangel an Mut und Selbstvertrauen.

Geduld: Ruhe; Gleichmut; Einsicht.

Gebrochenes Wesen: Ohne seelische Kraft; Herzschwäche.

Gefallsucht: Seelische Hohlheit; Geltungsdrang; scheinergeben; Eitelkeit.

Geheimnisvoller Mensch: Wissender; oder: Blender, Fantast.

Gehorsam: Einsicht; Disziplin; negativ: Angst oder Knechtsnatur.

Geiz: Egoismus; Habsucht; Neid; Mißgunst.[16]

Geltungsdrang: Egoismus; Eitelkeit; Eigenpropaganda; Machtlust; verdecktes Minderwertigkeitsbewußtsein; Ehrgeiz.

Gemütvoll: Offene Seele; Herzlichkeit; Warmherzigkeit.

Gemütskälte: Einschnürung der Seele; Mangel an Warmherzigkeit; Mangel an Güte und Eros; keine Du-Beziehung.[22]

Gemütlichkeit: Herzlichkeit; Bequemlichkeit; Besinnlichkeit.

Genauigkeit: Gründlichsein; zutreffend sein; Gewissenhaftigkeit; Ordnungssinn.

Generosität: Großzügig; Güte; negativ: Pose; Eitelkeit.

Genialität: Genie angeboren; inneres Wissen; außergewöhnliche geistige Befähigung.[17]

Genieren: Persönlichkeits- und Ich-Mangel; Hemmung; Scheu.

Genußliebe: (Genießer) Lebensfreude; (guter Blutumlauf); verfeinerter Geschmackssinn.

Gerechtigkeit: Ethik; Gewissen; Nachdenklichkeit.

Geschäftigkeit: Rege Gedanken; Tätigkeitsdrang; Vitalität.

»Geschmack«: Eine unsachliche Begriffsvertauschung.[18]

Geschwätzigkeit: Respektlosigkeit; Wichtigtuerei; Eitelkeit (Klatschsucht?); Störung der Ovarien.[19]

Geselligkeit: Wahlverwandtschaft; Kontaktfreude; negativ: Einsamkeit; Persönlichkeitsleere.

Gesinnung: Die Summe der Sinne = Charakter positiv oder negativ.

Gewandtheit: Geistig: rege Intelligenz, Aufmerksamkeit; seelisch: wach und durchblickend; körperlich: Gesundheit.

Gewissenhaftigkeit: Sachlich; konzentriert; gründlich; ordentlich; zuverlässig.

Geziertheit: Wenig Selbstvertrauen; nach außen gerichtet; persönliche Unsicherheit.

Gleichgültigkeit: Desinteresse; mangelnde Anteilnahme.

Gleichmütigkeit: Innere Ruhe; Reife; Herzkraft.

Gleichmäßigkeit: Innere Ruhe; Rhythmus.

Gram: Egozentrische Betrachtungsweise; Mangel an Religion, an Erkenntnis und an Nachdenklichkeit; egoistische Anhänglichkeit; Verlust eigener Seelenkräfte.[20]

Grausamkeit: Brutalität; Herzlosigkeit; verrohte Persönlichkeit.

Grazie: Angeborene Beschwingtheit; Eleganz der Bewegung – Verfeinerung edler Art.

Grobheit: Derb; direkt; gradlinig ohne Rücksichtnahme.

Größenwahn: Bewußtseinstrübung; Ichsucht; krankhafte Fantasie; Machthunger (astrale Einflüsse).

Großherzigkeit: Güte; Liebe; Humanität.

Großmut: Toleranz; Güte; geistige Überlegenheit.

Grübelei: Depression; Unzufriedenheit (eventuell auch erblich).[21]

Gründlichkeit: Sachlich; konzentriert; gewissenhaft; ordentlich.

Güte: Liebe; Menschlichkeit; Edelmut; Reife; Herz.

Gutherzigkeit: Herzlich – entgegenkommend; nachgiebig – anpassend; beeinflußbar – nachdenklich.

Habsucht: Egoismus; Neid; Mißgunst; Erwerbssucht.

Händelsucht: Intoleranz; Rechthaberei; Kritizismus.

Härte (positiv, Konsequenz): Willenskraft; Durchsetzungsfähigkeit; Realisierung.

Härte (negativ): Herzlos; herrisch; brutal; ohne Seele und Erbarmen.

Haltlosigkeit: Körperschwäche; Labilität; Mangel an Willenskraft.[23]

Hartköpfigkeit: Wille – übertrieben; Eigensinn; Sturheit; Rechthaberei; Kampf; Ausdauer; trotz Einsehen beharrlich, – dadurch unaufrichtig.

Hartnäckigkeit: Zäher Wille; kein Loslassen vom eigenen Standpunkt.

Heftigkeit: Abgeschwächter Jähzorn; Abwehr verletzter Gerechtigkeit; gallige Reaktionen auch in der Verteidigung.

Heimlichkeit: Verbergen; Mißtrauen; auch Umsicht (nicht immer »schlechtes Gewissen«!).

Heiterkeit: Lebensbejahung; Humor; Fröhlichsein; gesundes, unbeschwertes Herz.

Herrschlust: Willensbetonung; Eigenwilligkeit; Machtlust; auch anmaßender Sadismus.

Heuchelei: Unaufrichtig bis zur Falschheit (der Tribut des Lasters an die Tugend oder des Bösen an das Gute).

Hinterlist: Strategie und Falschheit; Egoismus.

Hochmut: Einbildung; Eitelkeit; »Stolz«; unsozial; überheblich, um die geistige Leere zu verbergen.

Höflichkeit: Betonte Herzlichkeit; Takt; oder auch Darstellung.

Hohn: Mangel an Achtung, an Respekt, an Religion und an Toleranz (siehe Spott).

Hoffnung: Nahrung der Seele; erweitert den Horizont des Menschen.

Hoffnungslosigkeit: Mutlosigkeit; Lebensverneinung; Mangel an Persönlichkeit, an Selbstvertrauen und an Herzkraft.[2]

Humor: Frohsinn; Lebensbejahung; Herzkraft.

Idealismus: Ethisches Streben aus geistiger Entwicklung, Sinnvolles und Gutes zu tun, Religion.

Ideenreichtum: Geistige Regsamkeit; Besonnenheit; Intuition.

Illusion: Verschleierte Fantasie (siehe Begeisterung).

Impulsivität: Ungezügeltes Temperament; Unbedachtsamkeit; oder: vorschnelles Handeln.

Inkonsequenz: Gleichgültigkeit; Vergeßlichkeit; oder: bessere Erkenntnis.

Instinkt: Angeborene Wahrnehmungsfähigkeit durch Spürsinn; von den Vorfahren zurückwirkendes Ahnungsvermögen (atavistisch) – animalisch.

Intuition: Individuelle Wahrnehmungsfähigkeit, geistiges Innenwissen.

Interesse: Eine angeborene geistig-seelische Aufgeschlossenheit für geistige oder physische Betätigung in einer bestimmten Richtung, in der man sich (aus metaphysischen Gründen) heimisch empfindet. »Interesse« ist nicht zu verwechseln mit Begabung!

Intellekt: Oberfläche der Verstandeskräfte; fehlende geistige Tiefe; Verstand – materiell, fehlendes Verantwortungsbewußtsein.

Intrige: Egoismus, Intelligenz in Kombination: Raffiniertheit; Zweckstreben (siehe Hinterhältigkeit).

Irrsinn: Verwirrtes Gedankenleben; Gehirnleiden (erblich) – (Nicht zu verwechseln mit Wahnsinn).[24]

Jähzorn: Geminderte Tobsucht – erblich; Unzufriedenheit; hemmungslose Vitalität.

Kampflust: Mutig; sich stellen; rückhaltlos; ehrgeizig; Herzkraft.

Keuschheit: Ist Zustand, Einstellung und Gesinnung, keine Eigenschaft.

Kindlichkeit: Gestörte Pubertät.

Klatschsucht: (siehe Geschwätzigkeit) Drüsenstörung.[19]

Kleinlichkeit: Engherzig; persönliche Enge; geizig.

Klugheit: Denkvermögen; Überlegung; Verständnis; Überblick; Weisheit.

Knödeln (in der Stimme): Disposition zu Gicht.

Koketterie: Eine Verhaltensweise, die Aufmerksamkeit erwecken soll.

Komik: Humor; Intelligenz; Beobachtungsgabe; Fähigkeit, unterschiedliche Situationen übergeordnet zu erfassen.

Konfusion: Mangel an Konzentration – Verwirrung; Mangel an Nachdenken – Unordnung.

Konsequenz: Absoluter Beschluß; Festigkeit; negativ: Einseitigkeit und Fanatismus.

Konzentration: Nervenkraft; Aufmerksamkeit; Eigendisziplin; Geduld.

Kritik: Beurteilen; bemängeln; tadeln.

Kritizismus: Philosophisches Verfahren.

Krittelei: Unsachlich; kleinlich; herabsetzend; nörgeln.

Kühnheit: Scheut keine Gefahr.

Kultur: Zeitbedingtes Streben.[39]

Kurzsichtigkeit: Begrenzte geistige Intelligenz; Voreingenommenheit; enger Gesichtswinkel.

Langsamkeit: Bedachtsam, phlegmatisch; oder: bequem, faul.

Launenhaftigkeit: Überempfindlichkeit; Gereizte Stimmung; Hysterie; Unberechenbarkeit.[25]

Lebhaftigkeit: Temperament; reger Geist; Anteilnahme; oder: innere Unruhe.

Leichtfertigkeit: Unbedachte Großzügigkeit.

Leidenschaftlichkeit: Forderndes Verlangen; Besitzergreifung; Blindheit in der Liebe; Aufsaugen des anderen.

Leichtsinnigkeit: Großzügig ohne Überlegung; Unternehmungslust ohne Bedenken; positiv: Erkenntnisfähigkeit, daher leichter Sinn als Gegenteil von Schwerfälligkeit.

Liebe: Geistige Barmherzigkeit als Nächstenliebe; Erkenntnis von »Du« und »Wir«.[26]

Liebesbedürftigkeit: Schwäche der Nerven- und Seelenkraft.

Lispeln: Disposition zu Schlaganfall.

List: Überlegte instinkthafte Routine.

Lügenhaftigkeit: Bewußte Unaufrichtigkeit; Charakterschwäche; schlechtes Gewissen.[27]

Lustempfinden: Lebensfreudigkeit; guter Blutumlauf; Bejahung der positiven Kräfte.

Luxusliebe: Eitelkeit; Protzigkeit; Geltungsdrang; gesteigertes Bedürfnis nach Pomp und Prunk.

Mäßigkeit: Einsicht; Sparsamkeit; oder Zwang dazu.

Materialist: Egozentriker, eigennützig; berechnend; akzeptiert vorwiegend die äußeren Werte.

Meditation: Bewußte geistig-seelische Versenkung.

Meinung: Annahme, Fürwahrhalten des eigenen Standpunktes; Nichtwissen.

Melancholie: Ständige Bedrückung; Grübelei; Schwermut.[28]

Menschlichkeit: Güte; Liebe; Toleranz; Verstehen; Barmherzigkeit; Gottverbundenheit;

Mentalität: Geistige Auffassungsweise – Bewußtsein.

Milde: Toleranz; Güte; oder: Schwäche.

Mißtrauen: Sorge um Verlust, eventuell durch erlittenen Schaden; seelische Selbstvergiftung mit Schädigung anderer.[38]

Mitteilsamkeit: Offenheit, eventuell Sensationslust.

Moral: Ist eine zeitgebundene Betrachtung.[29]

Mut: Ein starkes Herz; gesunde Nerven; Willenskraft.

Mutlosigkeit: Herzschwäche; abgespannte Nerven.

Mutwilligkeit: Wille zur Tat ohne Überlegung – Übermut; gesundes Herz.

Müdigkeit (gedanklich): Mißerfolge; Enttäuschung; Energiemangel;

Müdigkeit (körperlich): Kraftverlust; Sauerstoffmangel.

Nachahmung: Beobachtung; Auswertung; oder: durch Unsicherheit; Spiel.

Nachgiebigkeit: Mangel an Selbstbehauptung und Willenskraft durch Schwäche oder aus Klugheit.

Nachlässigkeit: Aus Nichtbeachtung und Darüberstehen; oder: Bequemlichkeit.

Neid: Mißgunst aus eigener Unfähigkeit; gedanklicher Angriff auf andere.[30]

Naivität: Kindlichkeit; Harmlosigkeit; unreife Auffassung und Äußerung.

Narzißmus: Eigenbespiegelung; Ichgefälligsein.

Nervosität: Gereizter Nervenzustand – Mangel an innerer Ruhe und Gleichmut.

Nörgelei: Unzufriedenheit; Krittelei.

Neugierde: Interessenfreudigkeit; oder: Wichtigtuerei – auch aus schlechtem Gewissen.

Neurasthenie: Nervenschwäche; Mißbrauch der Sexualkräfte.

Oberflächlichkeit: Mangel an Konzentration, an Gründlichkeit und an Gewissenhaftigkeit.

Offenheit: Echtes gerades Wesen, ehrlich und wahr.

Optimismus: Instinktive Weisheit des gesunden Herzens und Lebensbejahung der heiteren Seele.

Originalität: Ursprünglichkeit; Eigenart des Wesens.[31]

Organisationstalent: Praktisches Denken; Vorausblick; Einteilungsfähigkeit; überlegtes Planen.

Pathos: Übertreibung in Geste und Wort.

Patriotismus: Induziertes Pflichtgefühl der politischen Staatsleitung für industrielle Zwecke; Mangel an Allverbundenheit.

Pedanterie: Engherzige, übertriebene Gründlichkeit; Fanatismus.

Persönlichkeit: Selbstbewußtsein; Selbstvertrauen; innere Kraft; Ernsthaftigkeit; Ausstrahlung; Würde.

Prahlerei: Angeberei und Überzogenheit.

Primitivität: Gehemmte Mentalität durch persönliche Stumpfheit; geistig unentwickelt; oder auch dumm.

Prüderie: Spröde, falsche Scham; Mangel an Persönlichkeit und Mut; Mangel an Natürlichkeit und Aufklärung.

Querulieren: Nörgelei; Geltungsbedürfnis, Klagen ohne Grund; Verbitterung.

Redlichkeit: Ehrlichkeit, anständiger Charakter.

Reizbarkeit: Überempfindlichkeit; Feinnervigkeit; oder: gekränkte Eitelkeit.

Resignation: Mangel an Kraft zur Empörung; Aufgabe der Persönlichkeit, Erschöpfungszustand.

Rohheit: Gewissenlosigkeit; Mangel an Güte und Barmherzigkeit.

Rücksicht: Takt; Anstand; Du-Liebe; oder: Opferzwang.

Ruhe (innere): Gleichmut des Herzens.

Ruhe (äußere): Bequemlichkeit, Schwäche, Phlegma.

Sachlichkeit: Intellektuelle Betrachtungsweise.

Sadismus: Quälerische Lust durch Unzufriedenheit im Triebleben.

Satirisch: Lustvoller, frohsinniger Humor.

Scham (geistig): Ehrfurcht; Demut; Gottverbundenheit.

Scham (persönlich): Mangel an Natürlichkeit; kein geistiges Selbstbewußtsein.

Scharfsinn: Intelligenz; Beobachtungsfähigkeit; Durchblick.

Schauspielerei: Pose; Geltungsdrang; Verschleierung; Entschleierung.

Schikane: Boshafte Gesinnung.

Schlaffheit: Müdigkeit durch Unterfunktion der Drüsen.[32]

Schlauheit: Instinkt; Routine; Raffinesse.

Schmeichelei: Egozentrik; Berechnung (bewußte oder unbewußte); Unaufrichtigkeit; Scheinhöflichkeit zur Erreichung eines Zieles.

Schüchternheit (Scheu): Seelische Hemmungen; Minderwertigkeitsempfinden; vorgeburtliche Einflüsse, übertragen durch die schwangere Mutter.

Schroffheit: Grobheit; Abstand nehmen; Mangel an Takt und Feingefühl.

Schwärmerei: Übertriebenheit (siehe Begeisterung).

Schwatzhaftigkeit: Siehe Geschwätzigkeit.

Schwerfälligkeit: Drüsenstörung; dickes Blut.

Sehnsucht: Sie ist der Schmerz der zur Zeit fehlenden Ergänzung (Anziehung) seelischer Schwingung und Belebung.

Selbstachtung: Selbstbewußtsein; Ethik.

Selbständigkeit: Persönlichkeitsempfinden; Ichbewußtsein; Strebsamkeit; Selbstbewußtsein.

Selbstlos (nicht ichbezogen): Menschlichkeit; Hilfsbereitschaft; leichter Sinn (unbelastet); Bedürfnislosigkeit.

Selbstsucht (ichbezogen): Egoismus; Ehrgeiz.

Selbstvertrauen: Selbstbewußtsein; Sicherheit; Mut.

Sensitivität: Feinempfinden; feinnervig; medial.

Sentimentalität: Feinempfindend; romantisch-rührselig.

Sinnlichkeit: Naturtrieb und Lustempfinden; Triebhaftigkeit (die Summe aller Sinne).

Sittlichkeit: Ethik; religiöse Basis.

Skepsis: Intellektuell-materielle Ausrichtung; mißtrauisch; ungläubig.

Sorge: Lebensangst; Mangel an Selbstvertrauen; Mangel an Gottvertrauen.

Sorgfältigkeit: Gewissenhaft; gründlich; ordentlich.

Sorglosigkeit: Mangel an Nachdenklichkeit ohne Zielsetzung; Gedankenlosigkeit; oder: echte Religiosität, Vertrauen.

Sparsamkeit: Einteilungsvermögen; Wirtschaftlichkeit; Aufmerksamkeit; Umsicht.

Spitzfindigkeit: Auf einen Punkt beharrlich eingehend; Ermittlungsgabe; Instinkt; Schlauheit.

Spieltrieb: Kindliche Fantasie; Tätigkeitsdrang.

Spießigkeit: Konservativ (das ist Festhalten an althergebrachten Sitten und Anschauungen); Feind alles Neuen; Angst vor Rufschädigung; Mangel an Lebens- und Weltkenntnis; Sorge um Zukunft; seelisch gehemmt.

Spott: Mangel an Herzensbildung, an Toleranz und Achtung; Mißbrauch geistiger Kräfte.

Sprödigkeit: Geistig-seelische Unsicherheit; oder: Gefühlskälte.

Stolz: Kindlichkeit; geistige Blindheit; Einbildung; Überheblichkeit.

Störrigkeit: Siehe Trotz.

Strebsamkeit: Sich weiterentwickeln wollen; Fleiß; zielbewußte Tätigkeit.

Streitsucht: Siehe Nörgelei; Händelsucht (gallige Natur).

Sympathie: Naturgegebene Anziehung durch körperliche Ausstrahlung.

Takt: Herzempfinden; Empfindungsgabe; Rücksichtnahme.

Tatkraft: Körperliche Energien; Willenskraft; geistige Energien.

Temperament: Man unterscheidet: sanguinisch (lebensfreudig), cholerisch (heftig, aufgeregt, stürmisch), melancholisch (schwermütig, depressiv, grübelnd), phlegmatisch (schwerfällig, langsam, ruhig).

Teste, Testmethoden (psychisch): Keine zuverlässigen Urteile! Spieltrieb; Lebensfeindliche Methoden; Unfug.[41]

Theatralik: Siehe Schauspielerei; Pathos, Verstellungskunst; Eitelkeit; Übertreibung; Geltungsdrang.

Toleranz: Erstes Gebot für Menschlichkeit; Achtung vor der Anschauung anderer; Güte; Verstehen; Reife.

Torheit: Denken und Empfinden nicht im Gleichklang; unüberlegte Gutgläubigkeit.

Trägheit: Siehe Faulheit; Störung der Drüsentätigkeit; Schwerblütigkeit.

Trauer: Mangel an Gottverbundenheit; kein geistiges Bewußtsein; Egoismus aus fehlgeleiteter Anhänglichkeit.

Trotz: Ichbehauptung; Widerstand leistend; oder: Bockigkeit (Niveausache).

Treue: Sich und den eigenen Charakter bewahrend; Standfestigkeit; Zuverlässigkeit; geistiges Bewußtsein.

Tyrannei: Siehe Grausamkeit, Roheit. Diktatorischer Geist.

Übelnehmen: Mangel an Wahrhaftigkeit; Empfindlichkeit; Eitelkeit.

Überheblichkeit: Pose; Geltungsdrang aus Unsicherheit; Eitelkeit; blenden, etwas verdecken.

Übermut: Lebenskräfte, ungezügelt; Lebensbejahung, übermäßig; sanguinisches Temperament; Optimismus; Unbeschwertheit.

Überschwang: Siehe Begeisterung.

Überspanntheit: Sich übermäßig hervortun; dünkelhaft; übertriebene Fantasie.

Übertriebenheit: Aufschneiderei; Angeberei; Geltungsdrang.

Umgänglichkeit: Verträglich; friedlich; freundlich in der Gesinnung.

Umständlichkeit: Mangel an geistiger Regsamkeit; wenig praktisches Denkvermögen; Schwerfälligkeit.

Unaufmerksamkeit: Mangel an Konzentration; Ablenkung durch gleichzeitig andere Interessen.

Unaufrichtigkeit: Zeitweise oder ständig: diplomatisch; auf eigenen Vorteil bedacht; Tendenz zur Lügenhaftigkeit.

Ungeduld: Mangel an innerer Ruhe; wenig Gleichmut.

Unzufriedenheit: Besorgnisse; Kümmernisse; Mißmut; pessimistisch durch erlebte Ungerechtigkeit, durch Unglück.[34]

Verbergen: Siehe Verstellung.

Verdrängungen: Spannungen, die ins Unbewußte getrieben wurden, führen zu gegebener Zeit zu persönlichen Kurzschlußreaktionen.

Verdrießlichkeit: Siehe Ungeduld, Launenhaftigkeit.

Verkommenheit (sittlich): Egoismus; Haltlosigkeit; lasterhafte Neigung; Liederlichkeit; Faulheit; mangelndes Gottvertrauen.

Verleumdung: Überheblichkeit; Mangel an Toleranz und Anstand; Klatschlust; Nichtachtung des Nächsten.

Vernunft: Mentales Denken; Intuition.

Verschwenden: Leichtsinnig; Mangel an Wirtschaftlichkeit.

Verständnis: Klugheit; Erfahrung; Toleranz.

Verstellung: Falschheit; Vorsicht; Diplomatie; oder: vorsätzlich.

Verworrenheit: Unklarheit; Verschleierung (kann pathologisch sein oder durch Schock ausgelöst).

Vielseitigkeit: Begabungen; Interessenfreudigkeit.

Vornehmheit: Ein Ausdruck für die Grazie des Menschen.

Vorurteil: Wahrung von eigenen oder anderen Interessen in Form von Ablehnung; Unaufrichtigkeit; Mangel an gutem Willen zum Verständnis.

Wahrheit: Nur durch Gottbezogenheit.[35]

Weistum, Weisheit: Geistig Erschautes und Erkanntes, das zum Wissen wurde, ohne es verstandesmäßig intellektuell gelernt zu haben.

Weltfremdheit: Wenig Aufmerksamkeit für die materielle Welt; Kontaktlosigkeit.

Wichtigtuerei: Geltungsdrang; Eitelkeit; Übertreibung; oder: Klatschsucht.

Widerspenstigkeit: Siehe Trotz.

Wille: Tatkraft; Energie.

Witz: Intelligenz; Verbindungsfähigkeit; Kombinationsgabe; Beobachtungssinn.

Wohlwollen: Güte; Reife; Menschlichkeit.

Wollust: Lebenssteigerungsbedürfnis; Sinnlichkeit; Genußliebe; Egoismus; Erlebnishunger.

Würde: Selbstachtung; Anstand; Ethik; Niveau; geistiges Selbstbewußtsein.

Zähigkeit: Wille; Ausdauer; Gelassenheit; Energie; Nervenkraft.

Zänkische Art: Cholerisches Temperament; Intoleranz; gereizte Nerven; gallige Reaktion.

Zärtlichkeit: Suche nach eigener Aufladung von Magnetismus; Liebessehnsucht; Hingabebedürfnis; Berührungslust.

Zaghaftigkeit: Scheu; seelische Hemmungen; Mangel an Selbstvertrauen; siehe auch unter Schüchternheit.

Zartheit: Ist verfeinerte Körperkonstitution, eventuell auch organische Schwäche; Feinnervigkeit.

Zerstreutheit: Mangel an Konzentration; oder: Überforderung; eventuell Gedächtnisschwäche.[36]

Zorn: Cholerisches Temperament; gallige Reaktionen; gereiztes Verhalten.

Zuverlässigkeit: Standhaft; selbstbewußt; treu; gewissenhaft.

Zwanghaftigkeit: Pathologisch; oder: Fremdeinwirkung; unkontrollierter Wille; machtunterworfen.

Zwiespältigkeit: Nicht entscheidungsfähig; kein Selbstbewußtsein; schwankende Willenskraft; Unschlüssigkeit.

Zynismus: Lasterhaft; gottlos; Hohn; Spott; Verdecken eigener Unfähigkeiten; verachtend; Mißbrauch geistiger Kräfte.

1. Ärger schafft Gallenstörungen und schlaffe Haut, reizt zu neuem Ärger und zu Heftigkeit. – Seelische Gifte; Ärger macht alt.
2. Seelische Lähmung = Platzkrankheit; Angst, über belebte Straßen zu gehen; erblich.
3. Fehlende sachliche Betrachtung der zutreffenden Situation.
4. Bei Besessenheit handelt es sich um niedere astrale Einflüsse (jenseitiger dämonischer Wesenheiten), die die Seele des Menschen umklammern, so daß dieser sich »fremdartig« benimmt, eventuell auch mit verschiedenen Stimmen spricht. Die Ursachen sind verschieden und sollen hier nicht erläutert werden. Es gibt sexuelle, konfessionelle, machthabende und andere Arten der Besessenheit.
   Besessenheit ist nicht zu verwechseln mit Wahnsinn und Irrsinn.
5. Blasiertheit findet man oft parallel mit Hodenschwäche, die durch das auffällige Gebaren – wissentlich oder unwissentlich – verdeckt wird. Eine Dekadenzerscheinung!
6. Bosheit stimmt oft mit Zynismus, ebenso mit Spott und Hohn überein. (Astrologisch: Saturneigenschaften negativer Art).
7. Ehrgeiz – geizen um Ehre – ist zumeist gepaart mit Hinterhältigkeit, um ein Ziel zu erreichen. Strebsam-

keit ist positiv, Ehrgeiz negativ und egoistisch, berechnend. (Ruhender Gärungsstoff ohne Macht).

8. Eifersucht findet sich auch dort, wo ein Ovarienleiden beziehungsweise Hodenschwäche vorhanden ist. Eifersucht zeigt Mangel an Vertrauen (unersättliche Sinnlichkeit als Hintergrund).

9. Empfindung ist eine seelische Eigenschaft, Gefühl eine körperliche (Klages verwechselte beides in seinen Schriften).

10. Engherzigkeit besagt auch organisches Herzleiden: Beengung in der Tätigkeit. Mangel an Tiefatmung und kein freies Schwingen der Seele.

11. Erotik muß nicht mit sexueller Sinnlichkeit im Zusammenhang stehen. Sie kann es. Erotik ist ein fluidales Schwingen ohne sinnliche Erregung.

12. »Extravertiert« (als Gegenteil von introvertiert = nach innen lebend) besagt freie, offene Wesensart. Bei manchen Personen ist beides gemischt: Ausgleich.

13. Fanatismus kann Verengung des Herzmuskels bewirken, eventuell auch Wahnerscheinungen; Verhärtung der Hirnhaut!

14. »Fixe Idee« ist nicht immer negativ oder pathologisch, sondern eine Überzeugung, die oftmals von der Umwelt nicht verstanden wird.

15. Bei Angst handelt es sich um eine tatsächliche Situation oder Sache. Angst ist Schwäche des Herzens. Befürchtung ist ein schleichendes Angstempfinden vor etwas Unbekanntem. Sie wirkt deshalb noch schädigender und zersetzender.

16. Geiz hat eine Parallele zu Stuhlverstopfung beziehungsweise zu nicht loslassen können.

17. Genialität kann durch bewußte, systematisch-gesetzmäßige Zeugung, über einige Generationen hinweg, hervorgerufen werden. Sie ist jedoch nicht erblich. Eine geniale Natur bekundet sich durch die geistige

Intelligenz des Herzens, durch das geistige Bewußtsein und hat mit dem Intellekt des Kopfes nichts zu tun.

18. Geschmack kommt von schmecken (!) und ist keine klare Bezeichnung für passend und gefällig.

19. Geschwätzigkeit – liegt unweit von Klatschsucht – weist auf Erweiterung der Herzmündung.

20. Gram erzeugt Leberleiden und ist ein Merkmal für fehlende Gottverbundenheit (Religion). Anhaltender Gram schädigt auch die Milz. (Gram, Kummer, Trauer und Sorgen wirken hemmend auf die Leberfunktion).

21. Grübelei wirkt schädigend auf die Milz. Sie ist ein Vorstadium für Depressionen, Melancholie.

22. Gemütskälte zeugt von Schwäche der Triebkraft; Nervenfunktionsstörungen; Frigidität; eventuell auch konfessioneller Fanatismus (Bigotterie).

23. Haltlosigkeit ist oft die Folge von Charakterschwäche: Mangel an Kalk, zu weiche Knochensubstanz.

24. Irrsinn ist Irresein im Denken und nicht zu verwechseln mit Wahnsinn (von Wähnen). Wahnsinn hat eine seelische Ursache, ist von astraler Herkunft. Er wird nicht vom Gehirn ausgelöst wie Irrsinn.
Irrsinn ist vererblich, wie es auch in den Händen deutlich zu erkennen ist.

25. Launenhaftigkeit ist der Anfang von Hysterie, basierend auf Uterusstörungen. Oft Mangel an körperlicher Erfüllung, daher überreizte Sexualnerven.

26. Liebe, wahre Liebe ist: der unwiderstehliche Drang nach Nähe und Vereinigung, Verschmelzung zum Einssein – hervorgerufen durch die Macht des unbewußten metaphysischen Evolutionstriebes zur Schaffung des noch jenseitigen Genius –, daher auch Lust- und Lebenssteigerung, höchstes Glückserleben.

27. Lügenhaftigkeit liegt ursächlich im Unverstandensein von der nahen Umwelt (zum Beispiel strenge Diktatur

durch die Eltern), die ein Kind weder erfassen noch verstehen kann oder will. Andererseits kann Lügenhaftigkeit Veranlagung sein, was sich astrologisch erkennen läßt.

28. Melancholie geht parallel mit Schwerblütigkeit, Milz- und Leberleiden. Da alles primär innere Ursachen hat, bewirkt die gedankliche Einstellung das Leiden der Seele und in der Folge das der Organe.

29. Moral an zeitgebundene Regeln wurde für jene Menschen, die ohne Halt von außen mit sich und dem Leben nicht fertig wurden, als Gängelband angewandt. Keine Moral: fehlende Regeln für Sitte und Ordnung.

30. Neid ist auch Lebensangst vor Erfolglosigkeit.

31. Zu unterscheiden ist angeborene Originalität (siehe diese) von der willkürlich dargestellten. Astrologisch: günstige oder ungünstige Stellung und Bestrahlung des Uranus zur Sonne.

32. Schlaffheit im Wesen ist auch herabgesetzte physische Kraft durch Blutarmut, dickes Blut, Phlegma und Mangel an Kalk.

33. Seelenkunde (Psychologie, Psychotherapie) führt derzeitig noch nicht ausreichend zu Ursache und Wirkung, die den geistigen Kern treffen.

34. Unzufriedenheit kann persönliche Eigenheit darstellen, bewirkt durch angeborene Hemmungen (astrologisch: Sonne-Saturn oder Sonne-Merkur/Venus) mit dem Wunsch, anders zu sein. Unzufriedenheit löst durch Bedrückung der Seele als Folge organische Störungen aus.

35. Bei dem derzeitigen Evolutionszustand der Menschheit wird man feststellen, daß viele Menschen Wahrheit als »beißend« oder verletzend empfinden, sie also nicht vertragen können, was jeweils Unehrlichkeit gegen sich selbst beweist! Wer Wahrheit liebt, schätzt sie, stellt sich dieser. Die Unwissenden können

sie schwerlich begreifen. Sie haben eine andere Auffassung vom Leben und seinen Gesetzen, da sie vieles persönlich nehmen. Wahrheit läßt sich nur vom überpersönlichen Standpunkt aus vermitteln.

36. Zerstreutheit – Teil von Vergeßlichkeit beziehungsweise Gedächtnisschwäche – hat in ungezählten Fällen als Ursache: Verlust des Blinddarms nach dem 20. Lebensjahr, was immer wieder bestätigt wurde.

37. Eindruck ist aufnehmen, registrieren und aufbewahren einer optischen oder akustischen Einwirkung.

38. Materialistische Einstellung, aus der Theorie entstanden, zerstört das unbewußte aufbauende Leben! Daher eine Zersetzung.

39. Kultur ist die Kunst, unbewußtes Sehnen nach Höherem in bestimmte Strömungen zu lenken, die als Verstandeslärm einer bestimmten Lebensrichtung der Menschheit zum Ausdruck gelangt (frei nach Peladan).

40. Bescheidenheit = bescheiden im Wissen.

41. Teste: Keine Testmethode, auch nicht die auf der Genetik beruhende, vermag das eigentliche innere Wesen, die Seele und die Persönlichkeit des Menschen zu erfassen (Prof. Dr. H. Kunz, Regenz).

Gedanken und Krankheiten

Was dein Gedanke baut, das bist du selbst
und mußt es auch als Schicksal
durch dein Leben tragen!

Liebe, Freude, Hoffnung: Sind positiv und wirken fördernd. Es bestehen Wechselwirkungen.

Neid: Langsames, fressendes Fieber (aus Verdruß).

Eifersucht: Anhaltende Unruhe, Verdruß, tiefe Traurigkeit, mannigfache Leiden (Unterleib), Selbstvergiftung.

Haß: Unruhe, schleichendes Fieber, Appetitlosigkeit, Magerkeit, blasses Aussehen, Kräfteverfall, Nervenanfälle.

Zorn: Zurückhaltung der Gallensäfte, die dick und schlecht werden. Leberleiden, eventuell Gelbsucht, Wechselfieber. (Gefährlich bei stillenden Müttern, Vergiftung des Kindes).

Traurigkeit (Depression): Erweiterung der Blutadern, Störungen der Verdauung, der Gallensekretion, Schlaflosigkeit, langsam schleichendes Fieber und Kräfteverfall. Langwierige Leiden. Machtlosigkeit. (Entspannung von Herz und Lungen durch Tränen, Tiefatmen!)

Verdruß: Gallenstockung, Leberverhärtung, Gallensteine, Hautleiden, Hautjucken.

Verzweiflung: Lebenzerstörende Einflüsse. (Abwendung von Gott!)

Mitleid: Anhäufung (Sammlung) fremder Depressionen.

Schreck: (Seelische Lähmung): Stockungen von Blut- und Nervenkreislauf, Blutleere oder Blutfülle, Ohnmachten, heftiger Durchfall, Drüsenstockung.

Furcht (Angst): Herzschwäche, Stockung des Blut- und Säfteumlaufs, der Transpiration, Durchfall, paralytische Leiden. (Empfänglich für Ansteckungen durch verminderte Widerstandskraft). Bakterienangst!

Hochmut: Belebung und Beschleunigung des Blutkreislaufs, eventuell Versagen des Gehirns, Neigung zu Größenwahn, oft verbunden mit Zorn und Verdruß (wegen Mangel an Tiefe und Vernunft); macht daher oberflächlich und unaufrichtig (durch Vorspiegelung falscher Tatsachen – Schein).
Mangel an Echtheit und Selbsterkenntnis.

Schüchternheit: Furcht davor, lächerlich zu erscheinen; Furcht stumpft die seelische Kraft ab. (Zumeist vorgeburtlicher Einfluß).

Temperamente

Sanguiniker: Leiden sind meist heftig, mit gutem und schnellem Verlauf; arterielle Gefäßerweiterung. Fieber, Entzündungen besonders der Lungen.

Phlegmatiker: Fettleibigkeit, venöse Leiden, Stockungen, Verstopfungen, Schleimfluß, träge Respiration, Wassersucht, Hämorrhoiden, Fisteln.

Choleriker: Heftigkeiten, Entzündungen, Fieber, Gallenleiden, Manien. Heftiger und schneller Verlauf der Krankheiten.

Melancholiker: Zumeist sensitive Naturen. Sorge, Kummer, Angst, Unruhe. Chronische und venöse Leiden, Darmträgheit, Verstopfung, Stauungen an Leber, Milz; Verhärtungen, Gicht, Blutungen, Herzleiden, Auszehrung. Seelisch: Hypochondrie, Melancholie.

Charaktereigenschaften
und organische Reflexwirkungen

Blasiertheit: Schwäche der Hoden.

Unaufhörliches Geschwätz: Drüsenstörungen.

Unerschrockenheit: Kräftiges Sonnengeflecht.

Charakterweichheit: Mangel an Kalk in den Knochen.

Bockigkeit: Verhärtung der Gehirnhäute.

Bescheidenheit, Eitelkeit: Entsprechen der Gesundheit des Steißbeines.

Dienstfertigkeit: Gesunde Mündung des Herzens.

Große Ansprüche: Tätigkeit der Lymphdrüsen (Gefäße).

Geiz und Wucher: Verdickter Herzbeutel, Schließmuskelverhärtung.

Lustige Geselligkeit: Zustand des Bauchraumes, Zwerchfell, Leber; günstig.

Falschheit: Verengung der Herzmündung.

Geschwätzigkeit: Erweiterung der Herzmündung.

Freigebigkeit: Lungenschlagader.

Höflichkeit: Gesunde Stimmritze und Kehlkopf.

Gerechtigkeit oder Ungerechtigkeit: Gut oder schlecht schließende Herzklappe.

Vermessenheit: Geschwulst der Schilddrüse.

Trägheit: Schlaffe Pfortader.

Mut, Humor: Starkes beziehungsweise gesundes Herz, Frohsinn.

Furcht, Befürchtung: Organe des Bauchraumes.

Ärger, Zorn: Gallenstörung.

Gram, Trauer, Sorgen: Leberstörung, eventuell Schilddrüse und Darmtätigkeit.

Freude: Wirkt günstig auf Leber und Nieren.

Pünktlichkeit: Milz.

Eifersucht: Eierstöcke beziehungsweise Hoden (Singen wirkt günstig).

Sucht für Witze: Eventuell Gehirntumor.

Unschlüssigkeit, unzuverlässig in Versprechen, Neid: Hypophysenschwäche.

Intoleranz: Führt zu Überempfindlichkeiten.
Straffheit des Gewebes: Entspricht der Straffheit des Verstandes.
Gedächtnisschwäche: Fehlender Blinddarm (nach dem zwanzigsten Jahr). Gedankenleben und Eigenschaften stehen in Wechselwirkung mit den Organen.

Mantische Deutungsbezeichnungen

Mantik	Deutung, Entschlüsselung
Aeromantik	Luft- und Winddeutung
Alchimie	Transformation, Veränderung, Umformung
Astrologie	Sterndeutung
Belomidomantie	nach Stecknadeln
Beryllistik	nach Zauberspiegel
Bibliomantie	nach der Bibel
Biomantie	nach dem Puls
Chaomantie	nach Luft und Wetter
Chresmologie	Orakelkunst
Cristallomantie	Kristallsehen
Daktylomantie	aus den Papillarlinien (-mustern)
Dämonomantie	aus den Geistwesen
Empyromantie	aus Opferfeuern
Geomantie	aus Erde und Sand
Genesimantie	aus Geburtsumständen
Gyromantie	aus beschriebenen Kreisen
Hieroskopie	aus Eingeweiden des Opfers
Hydromantie	aus Bewegung des Wassers
Kartomantie	aus den Karten
Onichomantie	aus den Fingernägeln
Ophiomantie	aus Schlangen
Ornitomantie	aus dem Flug der Vögel
Ovomantie	aus Eiern
Oneiromantie	aus Träumen

Pagomantie	aus	Eintauchen in Wasser (Wesen?)
Palomantie	aus	Stäbchen (I-Ging)
Phonognomik	aus	der menschlichen Stimme
Pyromantie	aus	Feuer, Licht, Funken
Rhabdomantie	aus	geworfenen Stäbchen (Runen)
Rhapsodomantie	aus	Versen in Büchern
Sideromantie	aus	Verbrennen, Stroh usw.
Skiomantie	aus	den Schatten
Syromantie	aus	Kreis(en)
Theomantie	aus	göttlicher Eingebung
Uranomantie	aus	Sternbildern
Visionen	aus	Erscheinungen

Zweiter Teil

Hand- und Fingerformen
Linien der Innenhand

Bei allen chirologischen Analysen sind die Hand- und Finger*formen* als vorrangig zu betrachten; es folgen die Hauptlinien.

Intellektuell und rein materiell eingestellte Menschen besitzen oft nicht mehr als die drei großen Hauptlinien: Lebens-, Kopf- und Herzlinie.

Bei Handeignern mit vorwiegend geistigen Berufen sind in der Regel die Linien in ihren Händen zahlreicher. Für jede Tätigkeit sollten entsprechend viele günstige Linien vorhanden sein. Als Beispiel: Wenn unter »Architekt« eine gute Schicksals- und Apollolinie angegeben ist, besagt es: Ein Architekt benötigt für seinen geraden Lebensweg innere Kraft, geistigen Halt, sowie Einfühlung und Kreativität. Würde die Schicksalslinie fehlen, nur teilweise oder wellenartig vorhanden sein, würde es für ihn bedeuten, daß er wohl aufgrund seiner Hand- und Fingerformen (spatel – konisch) die nötigen technischen Fähigkeiten und die richtige innere Einstellung in sich trägt, aber – daß er einen Lebensweg vor sich hat, der nicht gerade und angenehm verläuft und von Hemmungen, Beschäftigungslosigkeit, Mangel an Protektion, fehlender Fürsprache und passender Verbindungen beeinflußt wird.

Jedes einzelne Merkmal, jedes einzelne Zeichen der genannten Berge und jede Linie hat einen charakteristischen Einfluß, weshalb auch alle Merkmale genau aufgeführt wurden. Fehlt ein Zeichen dieser genannten Merkmale in bezug auf die Linien oder Berge, muß der entsprechende Handeigner sehr viel mehr Willenskraft und

Ausdauer aufbringen, um zu bestehen und sein Ziel zu erreichen. Er wird in diesem Fall immer mehr Energie und Fleiß aufwenden müssen als jener, bei dem alle diese Zeichen und Linien – und damit die notwendigen Voraussetzungen – von vornherein klar und sicher vorhanden sind.

Um eine Berufseignung chirologisch feststellen zu können, wird vorausgesetzt, daß die Handformenkunde beherrscht wird. Bekanntlich werden die Handformen in sieben verschiedene Grundtypen eingeteilt:

1. die elementare oder primitive Hand,
2. die Spatel- oder praktische Hand,
3. die eckige oder nützliche Hand,
4. die knotige oder philosophische Hand,
5. die konische oder künstlerische Hand,
6. die ideale oder mediale Hand,
7. die gemischte Hand.

Die ersten sechs Typen stellen reine Handformen dar. Sie werden jedoch nur selten gefunden. Durch die vielfältigen Abweichungen zählen die meisten Hände zu der gemischten Handform. Die Eigner der reinen Handtypen sind dementsprechend mehr auf eine einseitige Tätigkeit und Interessenrichtung eingestellt, während die gemischten Formen Vielseitigkeit im Denken und Handeln aufweisen. Diese Vielseitigkeit kann durch dominierende Interessen geprägt sein. Man muß sie nach ihrer Kombination analysieren. Umgekehrt läßt sich durch Analysieren feststellen, welche Betätigungs- und Denkrichtung bei dem Betreffenden vorliegt. Bei einiger Übung wird man die Grundtypen der »gemischten Hand« gut erkennen.

Im folgenden ist die Charakteristik der verschiedenen Handtypen, aus der die Begabungsrichtung hervorgeht, erklärt. Was für die einzelnen Berufe erforderlich ist, wird an den Merkmalen verdeutlicht.

Der Daumen

Der Daumen deutet auf die Individualität und die Persönlichkeit. An seiner Form und Gestaltung erkennt man das Maß von Energie und Zähigkeit, Durchsetzungskraft sowie den Grad der Anpassung. Läßt sich der Daumen im rechten Winkel von der Hand abbiegen, bedeutet es Unabhängigkeitsliebe und Selbständigkeit. Es gibt Menschen, die diese Handstellung ständig beibehalten – ein Ausdruck für Frechheit.

Das Maß der Biegsamkeit des Daumens gibt das Maß der Anpassungsfähigkeit zu erkennen. Ein gerader Daumen zeigt wenig Anpassung, großes Persönlichkeitsbewußtsein, Eigensinn (eigenen Sinn). Ist er dazu noch breit, bedeutet es Hartköpfigkeit; ist er aber spitz, so besitzt der Handeigner Einfühlung (Bild 9 und 11). Hat das erste Daumenglied Neigung zur Spatelform (Bild 4 c), ist praktischer Sinn veranlagt. Eine leichte Biegung der Daumenspitze nach außen zeigt Sinn für Dramatik (Bild 5, B), ein im Viertelkreis nach außen gebogener Daumen läßt auf ein extremes Maß von Anpassung schließen, daher »Beeinflußbarkeit bis zur Aufgabe der eigenen Persönlichkeit«. Knotenbildung zwischen dem ersten und zweiten Daumenglied gibt das Maß der Zähigkeit in der Durchführung an (Bild 7, D). Das erste Daumenglied in seiner Länge läßt die Stärke der Willenskraft und das zweite Daumenglied die Größe des Verstandeslebens erkennen (Bild 6, F, G). Normalerweise sollen beide Daumenglieder gleich lang sein.

Um festzustellen, ob jemand einen kurzen oder langen Daumen hat, lege man den Daumen an den Zeigefinger an, der bis zur Mitte des dritten (unteren) Zeigefingergliedes reichen sollte (Normalmaß). Reicht er nicht so weit, gilt er als kurzer Daumen (Bild 4).

Im Zusammenhang steht das erste Daumenglied mit dem Gehirn, das erste und zweite Daumenglied mit dem Rückgrat.

Bei der Beurteilung des Daumens ist die Größe und Plastik des dritten Daumengliedes, des Handballens, mit einzubeziehen, weil man hier das Maß der Gutherzigkeit ableiten kann. Bei übergroßem Handballen kann der Handeigner leicht von anderen ausgenutzt werden.

Handgröße

Große Hände zeigen Sinn für das Kleine und präzise Kleinarbeiten, zum Beispiel für Feinmechanik, Juwelierkunst, Filigranarbeit, Uhrmacherkunst. Menschen mit großen Händen sind oft phlegmatisch, gelassen und bewahren die Ruhe auch bei Arbeiten, die Genauigkeit verlangen.

Kleine Hände deuten darauf, daß der Handeigner mehr Sinn für alles Große und Großzügige hat. Sie sind für große Planungen geeignet und können gute Anweisungen aus dem Überblick geben (Friedrich der Große!). Kleine Hände mit zarten, schmalen Handgelenken bekunden gutes Niveau der Vorfahren. (Dieses Merkmal findet Bestätigung durch kleine Füße und schmale Fesseln.)

Breite Hände lassen Sinn für das Materielle erkennen, schmale Hände weisen auf mehr geistige Veranlagung. Je schmaler und länger die Hand ist, um so weniger ist der Handeigner für praktische Arbeiten geeignet.

Festigkeit

Harte Hände fühlen sich an, als wären sie knochig oder wie aus Holz modelliert, ohne Elastizität. Diese Handeigner sind körperlich verhärtet (Zeichen von Verkalkung), wie auch im Gefühlsleben, solide und materiell eingestellt, zuweilen sogar geizig. Unsolides Leben oder Leichtsinnigkeit wird man bei ihnen nicht finden, selten aber auch Güte.

Feste Hände fühlen sich elastisch an und sind weder ausgesprochen hart noch weich. Sie zeigen sowohl Verläßlichkeit an als auch geistigen Schwung und Beweglichkeit physischer Art, Tätigkeitsdrang und Streben.

Weiche Hände fühlen sich teigig an, schlaff, weich bis zur Schwammigkeit. Man fühlt zwischen den Handknochen die weiche Muskulatur. Normalerweise ist die weiche Hand fleischig, füllig und weist Grübchen auf. Diese Handeigner haben eine lymphatische Körperkonstitution, wenig Widerstandskraft sowohl körperlich als auch geistig. Sie neigen zum Genußleben und zur Bequemlichkeit bis zur Faulheit. Sie sind lasch und träge, daher auch unzuverlässig und zumeist sehr mitteilsam.

Zarte Hände weisen auf einen sehr feinen Knochenbau. Diese Handeigner sind mehr auf eine seelische Erfüllung eingestellt. Sie besitzen von Natur aus eine gute Intuition, sind jedoch unfähig zu harter physischer Arbeit. Die Widerstandskraft ihres Körpers kann eine zähe sein, doch niemals eine kraftvolle. Im allgemeinen besitzen sie eine vornehme Gesinnung, wenn nicht andere Merkmale dagegen sprechen.

Grobe Hände gleichen im Ausdruck mehr den elementaren Händen und zeigen einen weniger entwickelten Menschen sowie Dickfelligkeit an.

Knoten

Knoten an den Fingern können bei jedem Handtyp vorkommen, sie müssen es aber nicht. An allen Fingern vorhandene Knoten sagen durchaus nicht, daß es sich um einen »knotigen Handtyp« handelt. Auf jeden Fall zeigen die markanten Knoten an den Fingern: Nachdenklichkeit, Besonnenheit. Sind die Knoten allein an den ersten Fingergliedern vorhanden, weisen sie auf Ordnungssinn in Gedanken und Logik, befinden sie sich nur an den unteren

Fingergliedern, bedeuten sie Ordnung in materieller Hinsicht.

Es kann vorkommen, daß sich ein oder zwei stark ausgeprägte Knoten an einem oder zwei Fingern zeigen. In solchem Fall müssen die Merkmale der Finger und ihrer Knoten analysiert werden.

Fingernägel

Die normale Länge des Fingernagels beträgt die halbe Länge des ersten Fingergliedes. Menschen mit langen Fingernägeln (Bild 8, D) sind umgänglicher als solche mit kurzen Fingernägeln. Übermäßig kurze Fingernägel zeigen an, daß der Handeigner zu Nörgelei und Kritik sowie zu Zank und Streitigkeiten neigt (Bild 8, B). Kurze Nägel deuten auf Herzstörungen organischer Art (Bild 8, B).

Ist der Daumennagel kurz und sehr breit, ebenso das erste Daumenglied, ist Brutalität, möglicherweise auch Tobsucht, immer aber große Heftigkeit veranlagt (Bild 6, A).

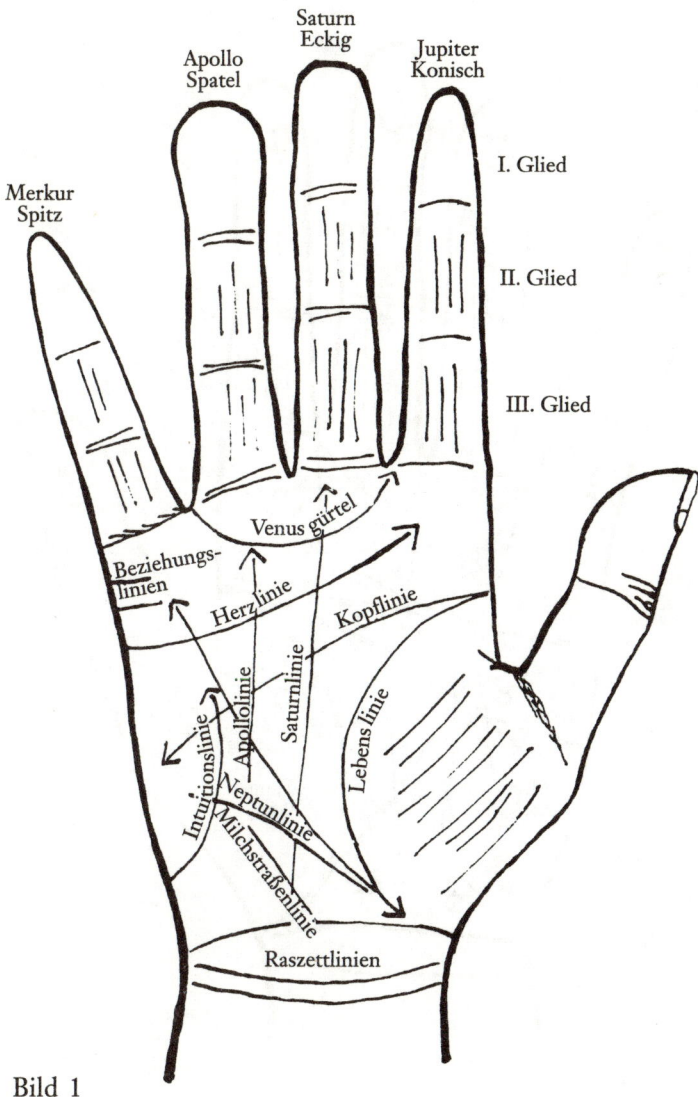

Bild 1

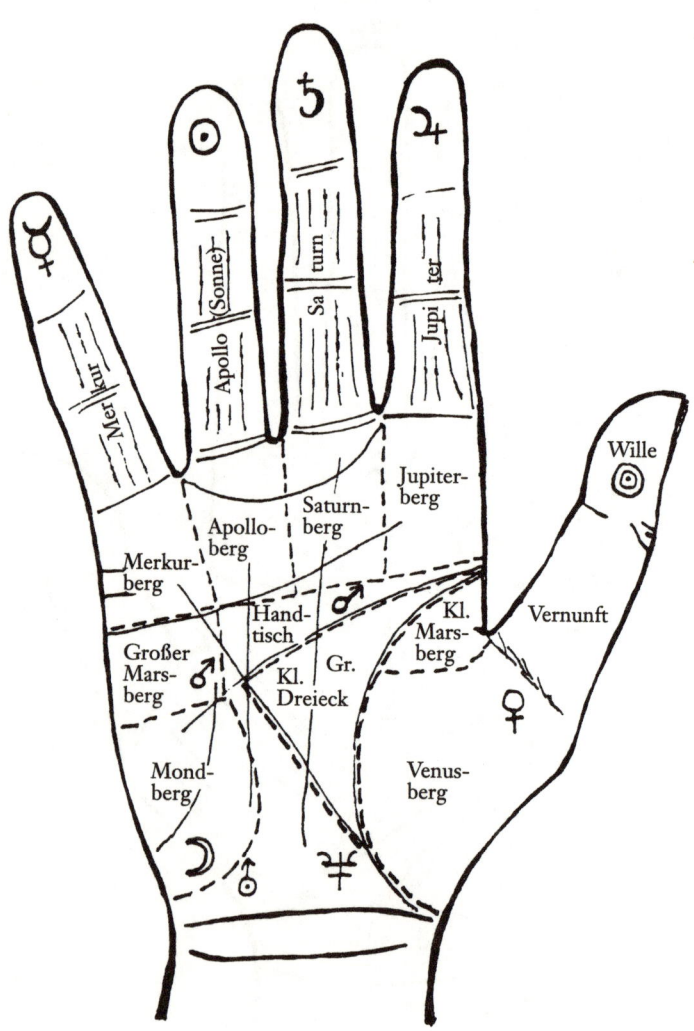

Bild 2

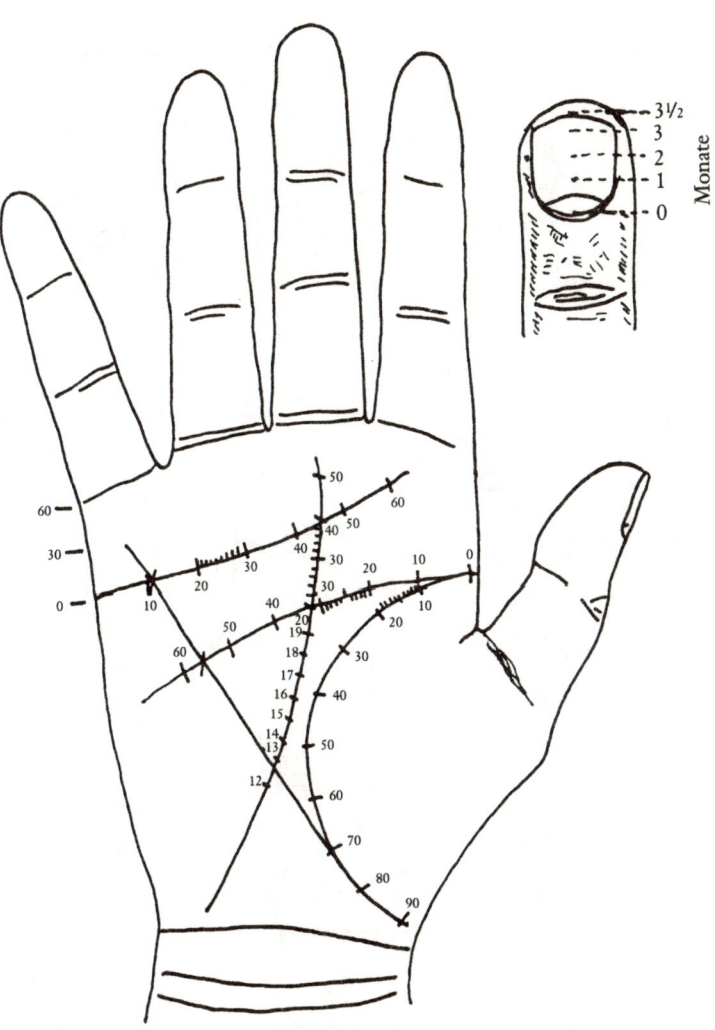

Bild 3

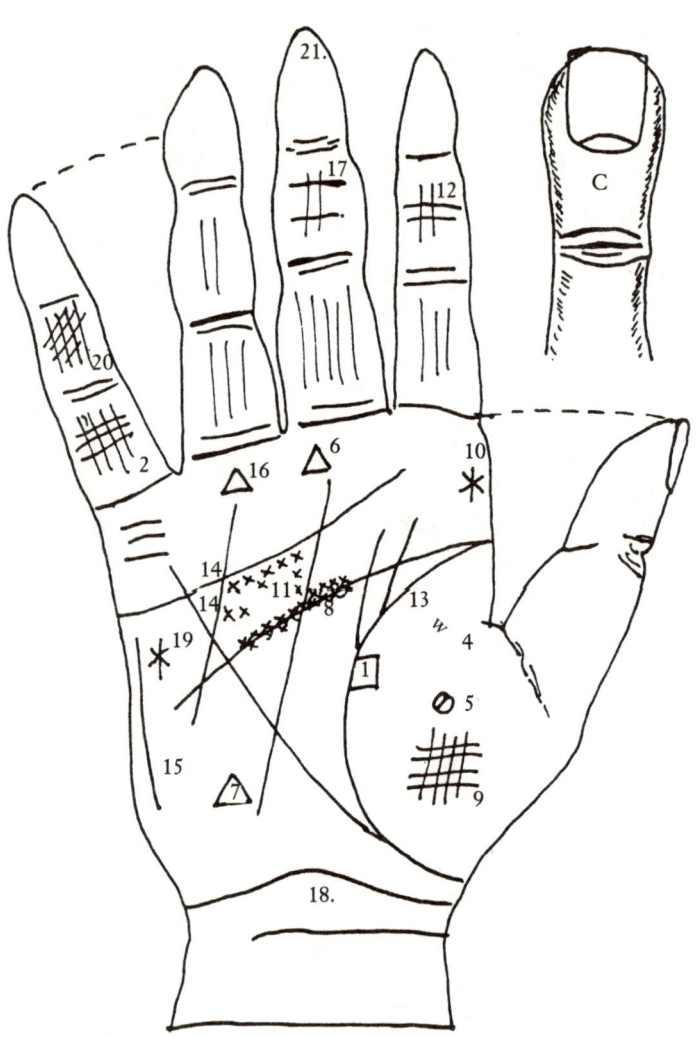

Bild 4

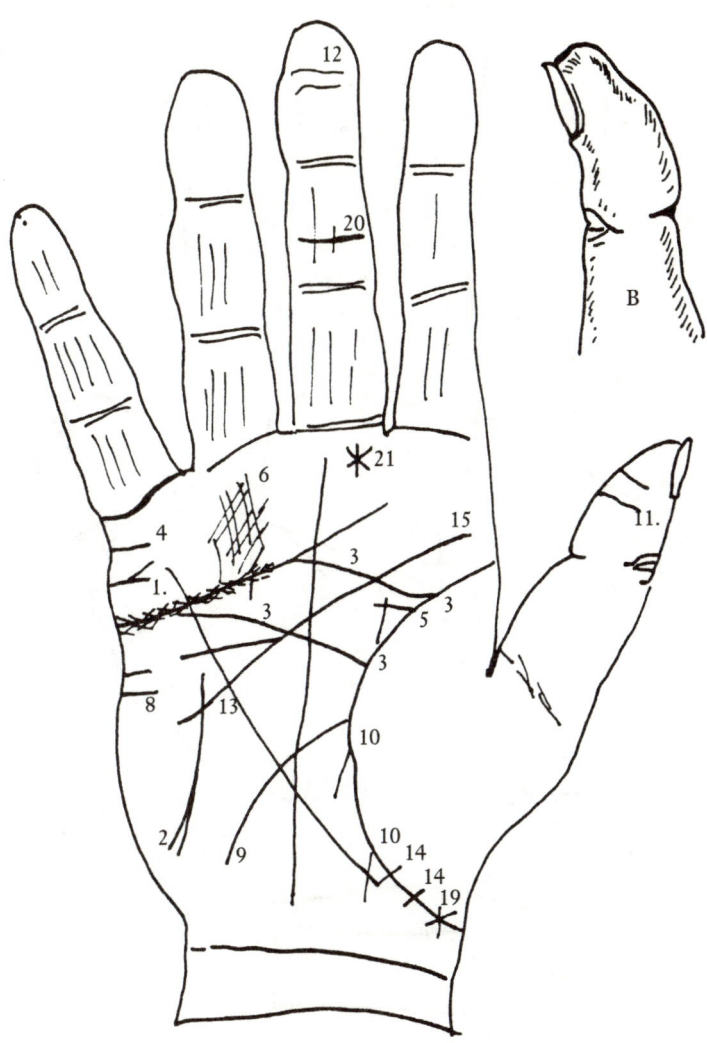

Bild 5

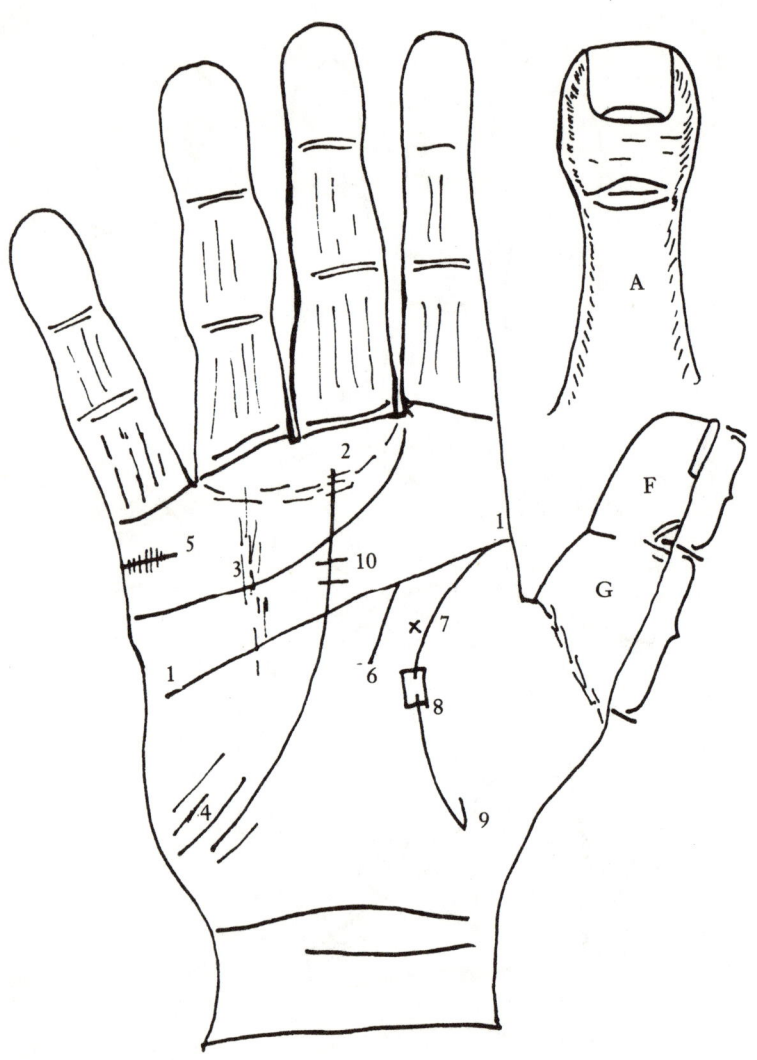

Bild 6

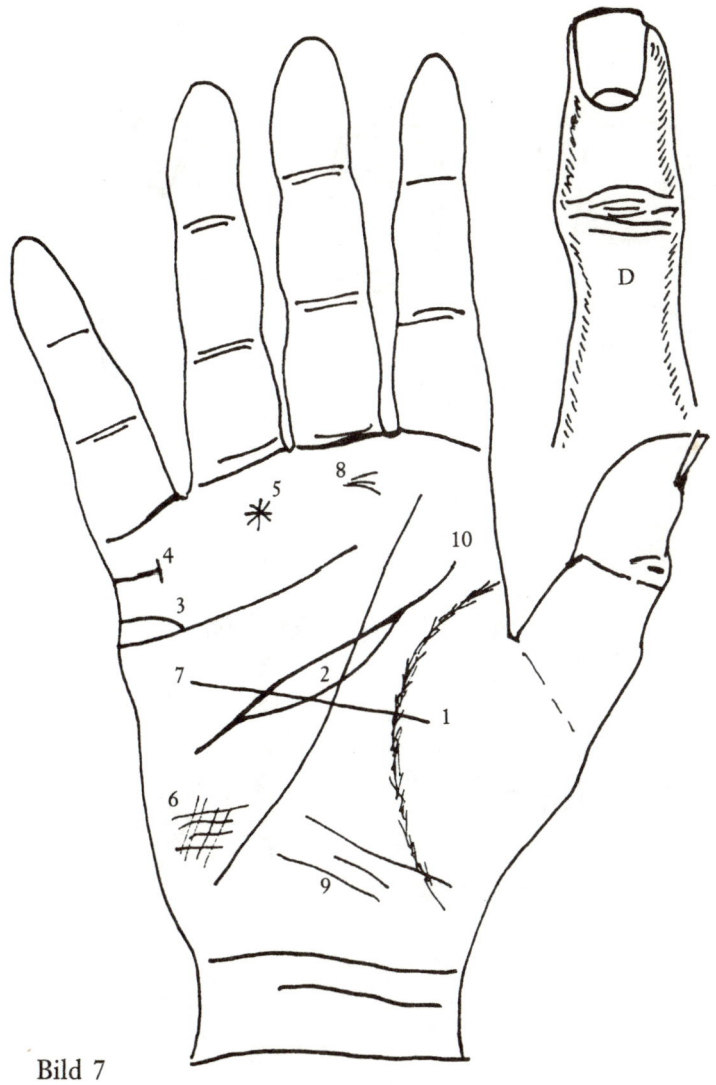

Bild 7

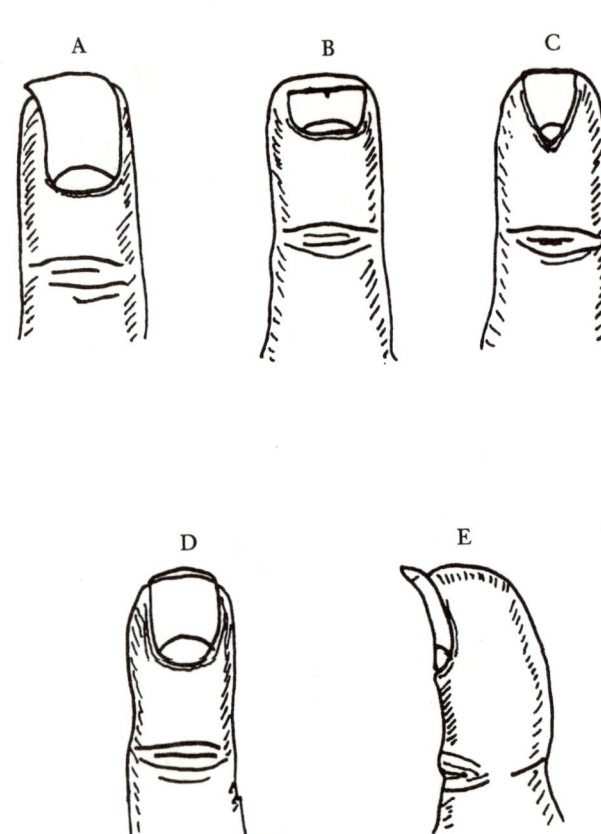

Bild 8

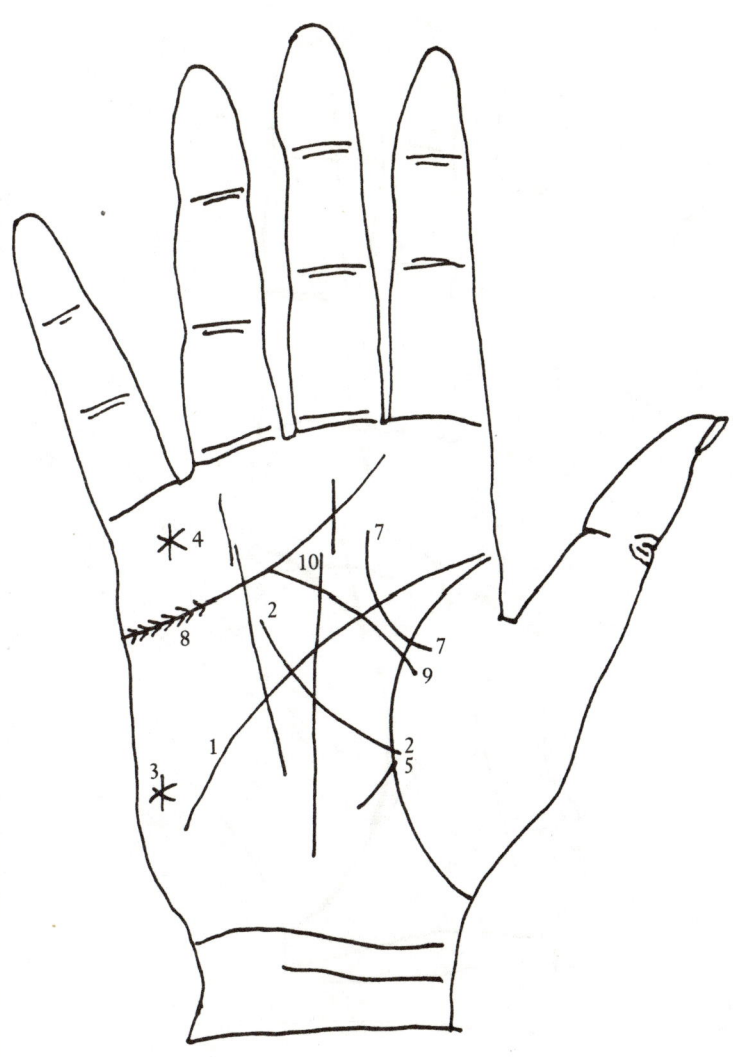

Bild 9

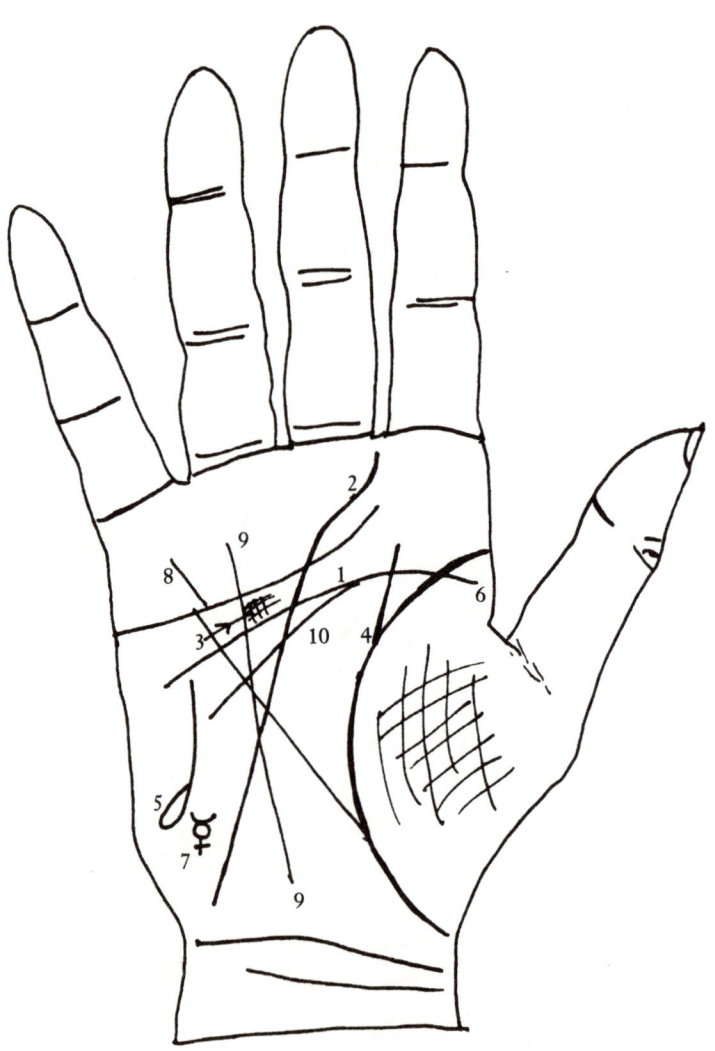

Bild 10

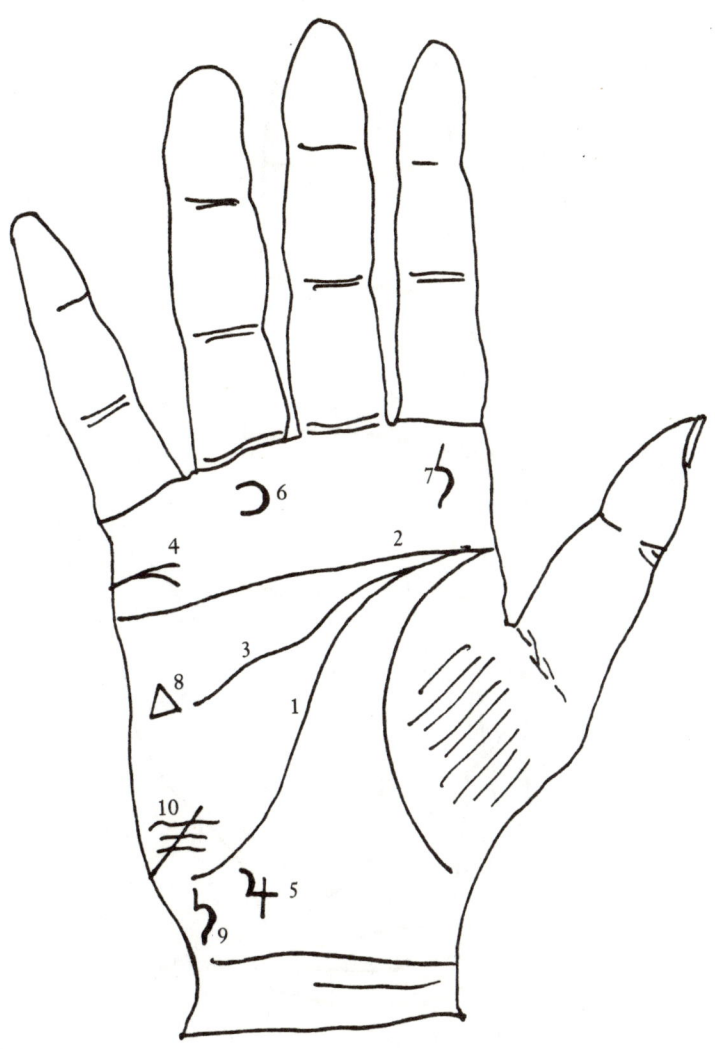

Bild 11

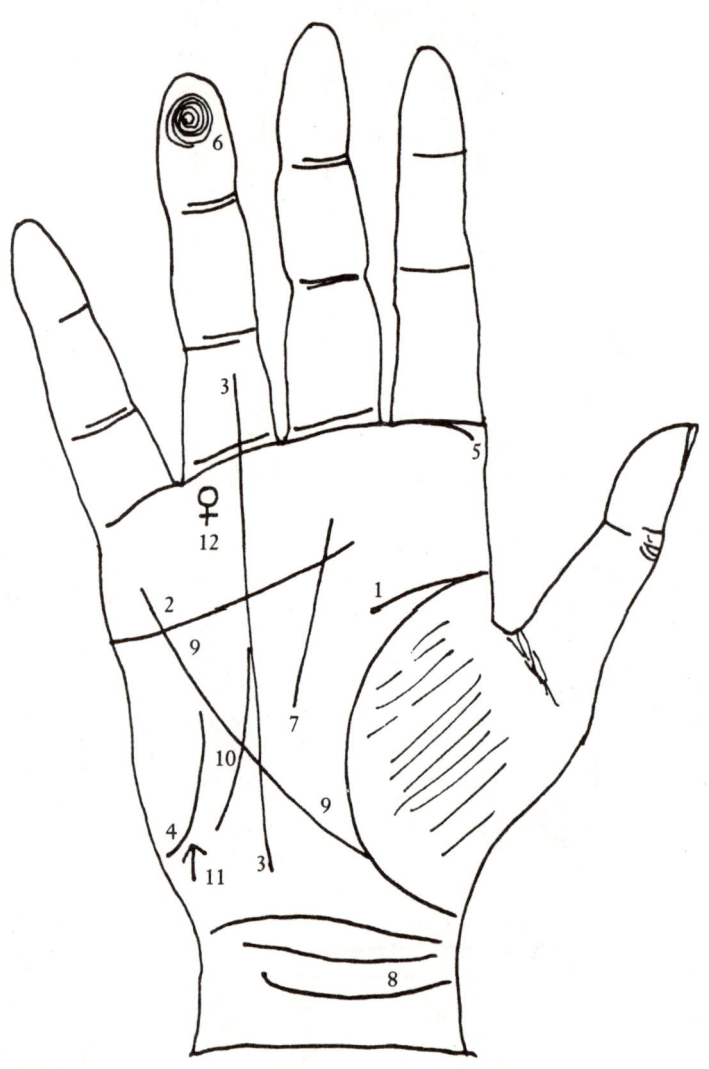

Bild 12

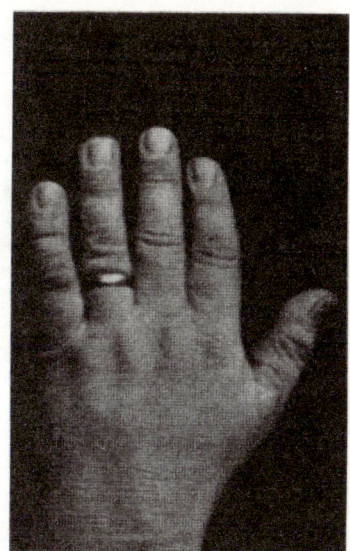

Bild 13

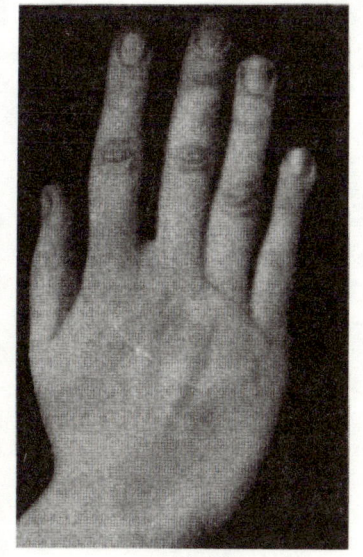

Bild 14

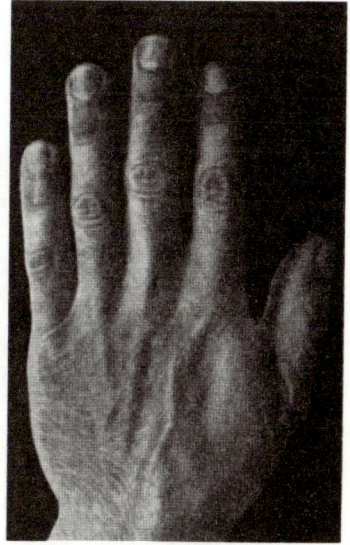

Bild 15

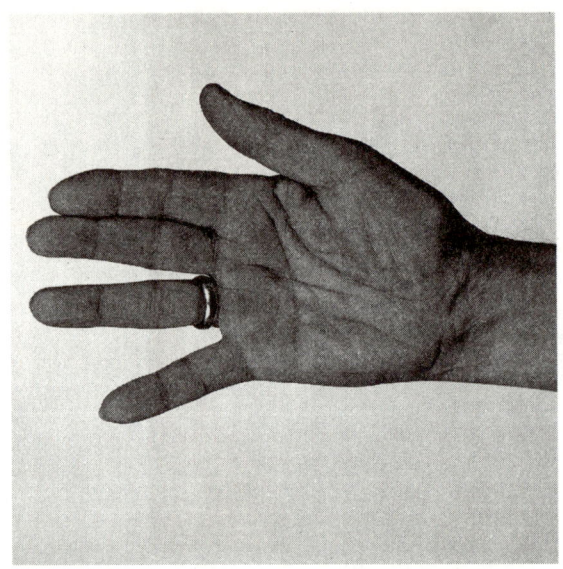

rechte Innenhand

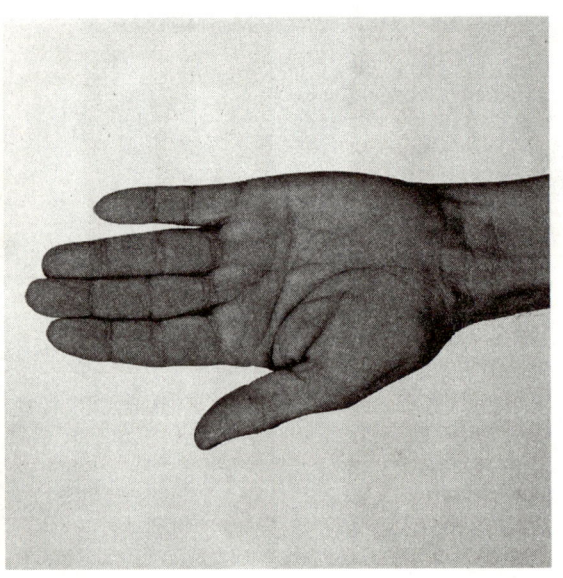

linke Innenhand

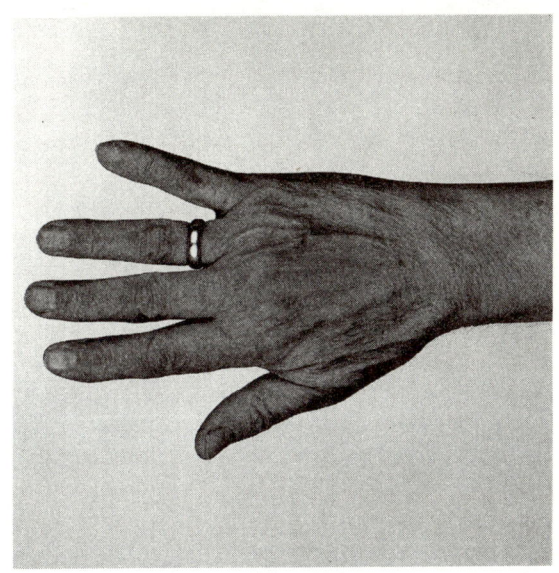

rechte Außenhand

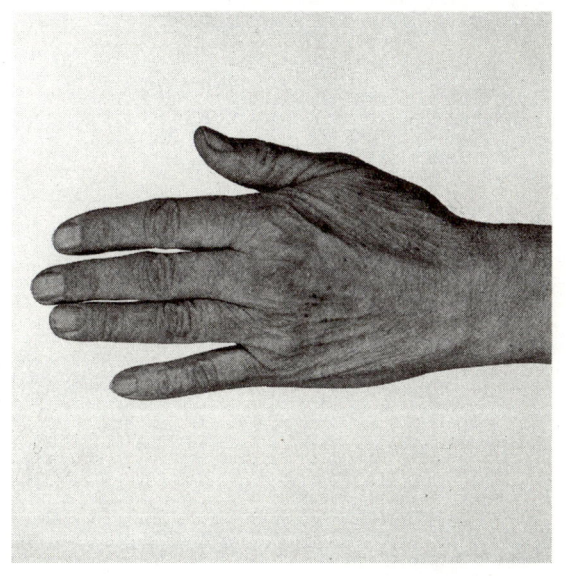

linke Außenhand

Handtypen

Die elementare Hand

Aussehen: Große Handfläche, kurze Finger, die gleichzeitig oft unförmig, etwas steif und wie die Handfläche dick und hart sind. Der Daumen ist kurz und gerade.

Charakteristik des Handeigners: Ursprünglich im Denken und Handeln, ausdauernd, körperlich kraftvoll, schwerfällig und anspruchslos. Mit konsequenter Aufmerksamkeit für Ordnung werden diese Menschen am besten gelenkt. Sie benötigen Aufsicht, jemand, der ihnen die Arbeit vorschreibt. Im Umgang neigen sie zu Verschlossenheit, sind aber zuverlässig.

Berufseignung: Menschen mit diesen Händen sind für Berufe geeignet, die weniger Kreativität, aber eine widerstandsfähige Konstitution erfordern, zum Beispiel für Handarbeiten, Erdarbeiten, Müllabfuhr, Kanalschiffahrt, Handlanger.

Die Spatelhand

Aussehen: Mittelgroß bis groß; am oberen Fingerglied ist die Muskulatur seitlich breiter als bei den unteren Fingergliedern. Es zeigt sich eine Ballenform, wie man sie bei Froschfingern findet. Die Hand ist im allgemeinen kräftig entwickelt, der Daumen mittelgroß bis groß und stark.

Charakteristik des Handeigners: Energisch, zäh, aktiv,

beweglich, spekulierend, imitierend und erfinderisch, fleißig, strebsam, resolut und voller Selbstvertrauen, durchaus praktisch denkend und handelnd, unternehmungslustig, mehr großzügig als kleinlich. Stark materielle Einstellung, weniger konventionell, nicht romantisch. Sinn für alles Neue und Gewinnbringende. Eigner dieser Handform besitzen natürliche Intelligenz, guten geschäftlichen Instinkt; ihnen imponiert das Große, Massenhafte, Kolossale, das Gewichtige und Wuchtige in der Ausdehnung. Viel weniger oder selten gefällt ihnen das Feine und Zierliche. Sie lieben das Regelmäßige und Symmetrische, wie zum Beispiel das Festlegen von Provinz- und Staatsgrenzen mit dem Lineal, weil es praktischer und einfacher ist. Sie sind mehr praktische Lebenskünstler und wissen sich in jeder Lebenslage zu helfen. Deshalb trifft man unter ihnen auch selten Menschen, denen es materiell schlecht ergeht. Sie versuchen alles materiell zu nutzen und praktisch zu verwerten. Wenn sich ein Spatel-Handeigner mit einem anderen Menschen darüber unterhält, eine Idee zu verwirklichen, kalkuliert er schon im stillen, wie diese Angelegenheit am besten anzupacken ist und was sie einbringen wird. Strebsamkeit ist vorhanden, soweit er eigene Vorteile erkennt. Verspricht ihm sein Instinkt Aussicht auf Erfolg, zeigt er körperliche und geistige Gewandtheit, ohne auf übertriebenen Korrektheiten zu beharren. Er ist zumeist ein geschickter Organisator, er versteht es, sich Autorität zu verschaffen, wodurch er die unterschiedlichsten Situationen beherrscht. Er verlangt von sich selbst das Äußerste, aber auch von seinen Untergebenen. Wenn es erforderlich ist, besitzt er sowohl Pflichtgefühl als auch Gewissenhaftigkeit. Durch seine Beobachtungsfähigkeit ist er allem Neuen gegenüber aufgeschlossen. Im Umgang ist er jovial, liebt auch hierbei Großzügigkeit und Unabhängigkeit. Einengungen sind ihm zuwider, weil sie seine Bewegungsfreiheit, die er über alles liebt, beschneiden. Sein Sinn für Dekoration richtet sich auf Zweckmäßigkeit. Als selbständiger Mensch wird er sich durchsetzen, auch dann, wenn die Umstände zunächst ungünstig erscheinen.

Berufseignung: Die Spatelform weist auf alle Berufe, die mit praktischer Tätigkeit, vielfältigen Unternehmungen – kleineren oder größeren Umfanges – zusammenhängen und die Selbstvertrauen, Großzügigkeit, Durchsetzungskraft und Handfestigkeit erfordern. Der Spatelhandeigner hat Blick und Fähigkeit zum Organisieren in Industrie, Handel und Gewerbe. Er ist verläßlich, und was er arbeitet oder baut, ist solide. Er eignet sich ausgezeichnet für große Unternehmungen, Pionierarbeit in fremden Ländern, für Schiffahrt, für Landwirtschaftsbetriebe, Kolossalbauten, Jagd. Auch gute Chirurgen und Zahntechniker besitzen oft Spatelhände. Aufgrund seiner Beweglichkeit und Selbständigkeit verträgt der Spatelhandeigner nicht gut, an untergeordneter Stelle zu stehen. Nicht zuletzt ist er durch seinen Instinkt, durch sein großzügiges Übersichtsvermögen geeignet, Führungspositionen jeglicher Art, zum Beispiel als Unternehmer, Direktor, Personalchef, zu übernehmen.

Im künstlerischen Bereich sind die Spatel-Handeigner Bildhauer und Zeichner von beweglicher Szenerie. In kaufmännischer Beziehung eignen sie sich unter anderem als Disponent, Einkäufer oder Spediteur. Sie sind befähigt, Reisen zu organisieren, Filialen einzurichten, Im- und Exportgeschäfte abzuwickeln.

Den Spatel-Handeignern begegnet man selbst am besten mit Großzügigkeit. Sie schätzen gutes Essen und erlesene Getränke und sind auch den anderen Genüssen des Lebens zugeneigt.

Als Angestellte werden sie immer bestrebt sein, ihre Position zu verbessern und selbständig zu arbeiten. Spatel-Handeigner sind, obwohl anständig, gelegentlich rabiat. (Bei weichen Händen wird vieles von dieser Charakteristik abgeschwächt.)

Ergänzende Merkmale

Zeigefinger sehr lang: Große Vorliebe für das Mysteriöse, Neigung zu Irrtum und Fanatismus.

Mittelfinger sehr lang: Aktivierte Einbildungskraft, Neigung zu Literatur über Okkultismus und Wissenschaft, aber auch zu Depressionen.

Ringfinger sehr lang: Talent für Imitation, Gedanken- und Gefühlsreichtum, Freude an schwer zu bewältigenden Aufgaben.

Kleiner Finger sehr lang (über das obere Beugegelenk des Ringfingers hinausreichend): Innige Beredsamkeit, aber nicht immer kluge Handlungsweise. Als Redner kraftvoll in der Ausdrucksart. Gute Voraussetzung für Mechanik, Elektrizität, Computertechnik, Physik.

Ist ein Finger besonders kurz, deutet es auf Mangel an den damit verbundenen Eigenschaften.

Die eckige Hand

Aussehen: Mittelgroß bis groß. Die Finger verlaufen genau parallel und sind an den Spitzen eckig. Die ganze Handform macht in ihrer Gleichmäßigkeit den Eindruck eines Rechtecks. Der Daumen ist mittelgroß bis groß und auch eckig.

Charakteristik des Handeigners: Mehr intellektuell, weniger gefühlvoll, zäh, eigensinnig und kleinlich im Denken und Tun. Menschen mit der eckigen

Handform sind ruhig, sehr strebsam, besonders gewissenhaft und pflichttreu. Sie sind Verstandesmenschen mit viel Selbstbeherrschung. Sie lieben Ordnung, Methode und System. Personen mit diesen Händen haben Vorliebe für die moralischen, politischen und sozialen Wissenschaften. Sie sind konservativ und hängen an althergebrachten Sitten und Anschauungen. Aus diesem Grund sind sie weniger zugänglich für Neuerungen und Fortschritte. Sie sind autoritätsgläubig und solide. Leichtsinn oder Verschwendung ist ihnen nicht gegeben, ebensowenig unkorrekte Handlungsweisen. Da sie rechthaberisch sind, herrschen sie auch gerne. Sie streben danach, selbst eine Autoritätsperson zu sein, so wie sie auch Vorgesetzte als Autoritäten gelten lassen. Ihr Verhalten diesen gegenüber ist eher unterwürfig.

Sie sind pünktlich, ordnungsliebend, sparsam für sich und andere, daher auch sehr wirtschaftlich. Ihr geistiger Horizont ist durch Engherzigkeit begrenzt, sie sind die typischen Moralhelden und fragen sich bei allen Handlungsweisen: Was sagen die anderen dazu? Sie ziehen das Reale dem Irrealen vor und verfügen über theoretische Talente. Sie hegen die Anschauung, daß das Gute immer noch besser als das Schöne, das Nützliche aber immer das allerbeste sei. Sie halten sich sehr an die Form, an die Manier, an das Wort, also auch streng an das Gesetz, und sind Feind aller Freiheiten und Großzügigkeiten. Obgleich sie über viele gute Eigenschaften verfügen, hindern sie sich durch ihre Kleinlichkeit und Engherzigkeit selbst an der Entwicklung zu Höherem. Kollegialität besitzen sie für Gleichgesinnte, obgleich immer eine unterschwellige Neigung zum Intrigieren und zur Überheblichkeit vorhanden ist. Die intellektuelle Gewandtheit ist größer als die geistige und körperliche. Sie sind auf Grund ihres besonders starken Pflichtgefühls die zuverlässigsten und ehrlichsten Arbeiter, auf die man sich absolut verlassen kann. Die Position für Organisation kommt wegen Mangel an Überblick und der vorhandenen Engherzigkeit weniger in Frage. Es fehlt auch an Beobachtungssinn für das Praktische und für kreatives Gestalten. Als Erzieher sind sie häufig rechthaberisch und nörgelig. Sie verlangen genaues Befolgen ihrer Anweisungen, selbst dann, wenn diese nicht stimmen. Sie sind anständig, weil es sich so gehört und weil die Mitmenschen Anstoß nehmen könnten. Es obliegt ihrer inneren Überzeugung, jedoch weniger aus vornehmer Gesinnung. Allem Anstößigen halten sie sich möglichst fern oder entrüsten sich darüber (obgleich sie, wenn unbeobachtet, selbst gern mitmachen würden). Sie sind dem Lebensgenuß nicht abgeneigt, sofern sie dieser nichts kostet. Im übrigen sind sie eher geizig. Beim Schenken wägen sie erst ab, ob das ihnen zuvor Geschenkte auch ebensoviel wert war. Für Anerkennungen sind sie sehr empfänglich.

Berufseignung: Sie eignen sich zu allen Berufen, die besondere Genauigkeit, Tüftelarbeit, Ordnungssinn, Pflichtbewußtsein und Korrektheit erfordern. Daher sind sie gewissenhafte Hausverwalter, Portiers, Lagerverwalter, Schlüsselbewahrer, Kassierer, Buchhalter (bilanzsicher), Geometer, Sprachlehrer, Erzieher mehr in Theorie, weniger in praktischer Humanität, Bibliothekare, Museumsangestellte, Bürokraten, Kopisten, Schriftsteller wissenschaftlicher Themen, Intellektuelle: Lektoren, Dozenten, Wissenschaftler. (Bei weichen Händen wird vieles von der obigen Charakteristik abgeschwächt.) Handeigner eckiger Hände sind begabt zum Schachspiel, Puzzlespiel, Rätselraten.

Ergänzende Merkmale

Zeigefinger sehr lang: Wahrheitsliebe und Stolz.
Mittelfinger sehr lang: Sehr ernst und nachdenklich.
Ringfinger sehr lang: Vorliebe für Studien und Interesse für Kunst.
Kleiner Finger sehr lang: Vorliebe für wissenschaftliche Studien und gute Darstellungskraft.
Ist ein Finger zu kurz, deutet es auf eine impulsive Natur, voll Ungeduld im Begründen und Argumentieren.

Die knotige Hand

Aussehen: Der charakteristische Ausdruck dieser Hand kann nicht verwechselt werden. Sie ist mittelgroß oder klein, die oberen Fingerglieder sind oval-keulenförmig der Länge nach; der Daumen ist entsprechend kräftiger, die Nägel sind seitlich leicht gebogen. Die Knoten in den oberen und mittleren Fingergelenken sind angeboren (nicht zu verwechseln mit arthritischen Knoten, die oft einseitig auftreten). Hält man die Finger geschlossen, erkennt man die durch die Knoten gebildeten Zwischenräume.
Die knotige Hand ist vielleicht nicht die schönste unter den Handformen, weist aber auf geistige Qualitäten dieses Menschen.
Charakteristik des Handeigners: Menschen mit dieser Handform lieben Unabhängigkeit im Tun und Denken und lieben das Ergründen von Ursache und Wirkung, das Analysieren, die Logik und den Beweis. Sie lieben Wahrheit, Gerechtigkeit und das Ideale, ziehen die innere Wahrheit dem äußeren Schönen vor, lieben die Moral, sind Ethiker, sie sind tief religiös und philosophisch. Die Vernunft (Harmonie von

Denken und Empfinden) ist ihr Leitstern, sie läßt sie
vor- und rückwärts blicken und erwägen, kombinieren
und betrachten. Die Vernunft macht sie unabhängig
von dem Gegenwärtigen und der Meinung anderer.
Was dieser Mensch tut, führt er aus mit Begründung
und Selbstbewußtsein. In der ihm eigenen Gründlichkeit denkt er über die möglichen Folgen nach,
soweit sich dieses auf Geistiges bezieht. Die Regel
wird ebenso studiert wie die Ausnahme. Das Interesse
für den einzelnen ist ebenso groß wie für die Familie,
Nation, Rasse und Menschheit (Nächstenliebe). Er
läßt sich nicht vom »Fürwahrhalten« oder von rein
persönlicher Liebe und Mitleid beherrschen, sondern
vom tiefen Erkennen und Weisheit, von Vernunft,
deshalb auch die Vorliebe für das Ethische und Äs-
thetische. Die allgemeine Anschauung und die Meinung anderer gilt ihnen nichts, sondern das tiefe
Erkennen des Wahren, Geistigen und Göttlichen. Auf
religiösem und sozialem Gebiet kämpft er für Unabhängigkeit und Weiterentwicklung und Vervoll-
kommnung. Vermöge der Fähigkeit, den inneren
Wert des Wesens oder der Dinge zu erfassen, klas-
sifiziert der knotige Handeigner mehr der Natur
entsprechend, nicht nach Form, Größe und Eigenschaften vom äußeren Anschein her. Im Umgang zeigt
er innere Anständigkeit und Menschlichkeit. Da die
Menschen mit dieser Handform mehr eine kosmische
oder universale Einstellung haben, beurteilen sie alles
auch von geistiger Warte. Sie besitzen Pflichtgefühl
und Ehrlichkeit, weniger Ehrgeiz und Genauig-
keitsliebe. Sie können sich fügen, sind kollegial,
ordnungsliebend, ohne dabei kleinlich oder pedantisch zu sein; sie sind großzügig und ausgezeichnete
Erzieher, haben Sinn für Natur und alles Schöne,
besonders aber für Kunst.

Berufseignung: Obgleich praktisch veranlagt, ist ihnen

vieles im Materiellen nebensächlich, weshalb dann nicht immer genügend Wert auf korrekte und genaue Ausführung gelegt wird. Sie eignen sich am besten für Berufe, die seelisch-geistigen Boden haben, und auch für solche, die einen guten Sinn für ein Veranschaulichen erfordern. Daher sind sie die besten Religionslehrer, die wahren Erzieher, seelische Berater, Psychologen, Okkultisten, vornehme Lehrer, Sozialarbeiter, gute Künstler und auch gute Schriftsteller. Für praktische Berufe, die ständig ein festes Zugreifen erfordern, eignen sie sich wenig, weil sie dann an innerer Substanz verlieren.

Die konische Hand

Aussehen: Schöne symmetrische und angenehme Form, an der Handwurzel etwas breiter, zu den Fingerspitzen hin sich verjüngend (konisch zulaufend). Man unterscheidet zwei Größen: die kleine konische Hand, geschmeidig, mit schmalem Daumen, und die große konische Hand, füllig, mit großem Daumen. Die Haut ist normalerweise zart und fein, die ganze Hand wirkt jugendlich, die oberen Fingerglieder sind leicht nach hinten gebogen.

Charakteristik des Handeigners: Die kleine konische Hand deutet auf Vorliebe für Schönheit, besonders in Farben und Formen. Schnelle Begeisterung ist diesen Menschen eigen.

Schlauheit und Verlangen nach Reichtum und Pracht findet man häufiger bei Menschen mit großen konischen Händen, da sie materieller eingestellt sind.

Die Menschen beider konischer Handgrößen können sich von Intuition leiten lassen. Sie sind vorwiegend Empfindungsmenschen, sentimental, instinktiv, impulsiv, beeindruckbar, feinnervig, fantasievoll, romantisch, poetisch, träumerisch, lebensfreudig, idealistisch, aber empfindlich gegen Lächerlichkeit. Das Gefühls- und Empfindungsleben ist stärker ausgeprägt als die Verstandestätigkeit. Konische Handeigner hängen an Äußerlichkeiten und beurteilen auch andere danach. Sie sind Anhänger von Freiheitsideen und lieben die Abwechslung (Umwelt, Reisen, Tätigkeit, Partnerschaft etc.). Sie sind von Stimmungen abhängig, bald begeistert, bald melancholisch, heute lustig bis zum Überschäumen, morgen traurig. Manchmal können sie sehr gereizt und launisch sein. Daraus ist auch zu verstehen, daß diesen Menschen Einschränkungen und ein geregeltes Leben weniger liegen. Als abwechslungsliebende Stimmungsmenschen behagt ihnen auf Dauer eine gleichmäßige Beschäftigung nicht, zumal wenn diese dauerndes Sitzen auf einem Fleck erfordert (sie haben kein Sitzfleisch).

Die konischen Handtypen stellen einen ausgesprochenen Gegenpol zu den Menschen mit eckigen Händen dar.

Sind die konischen Hände weich, kommen Sinnlichkeit, großes Zärtlichkeitsbedürfnis, Genußliebe in jeder Form, auch besonders für Süßigkeiten, Phlegma bis zur Faulheit hinzu, weshalb diese Hände auch mit der Bezeichnung »Genießerhände« belegt werden.

Berufseignung: Konische Handtypen sind weder für mechanische noch für schwere körperliche Arbeiten geeignet, da sie die dafür erforderliche Konstitution und innere Ruhe nicht besitzen. Arbeiten leichterer Art, die ihnen Abwechslung und Vielseitigkeit bieten, ihren Kunstsinn und Kreativität ansprechen (alle Berufe, die mit Schönheit und Dekoration im weitesten Sinn zusammenhängen), sind ihnen gemäß.

Bei der Beaufsichtigung von Kindern ist ihnen ihr ausgezeichnetes Einfühlungsvermögen dienlich. Sie vermögen auf das Empfindungsleben des Kindes gut einzugehen.

Auch findet man unter diesen Menschen sehr gute Repräsentanten und Künstler, zum Beispiel Schauspieler, Musiker, Maler. (Bildhauer, Pianisten, Regisseure haben dazu einen starken Spateleinschlag.)

Konische Handeigner, auch Menschen mit spitzen ersten Fingergliedern, haben die besondere Begabung, intuitiv Ideen zu entwickeln, zu deren praktischer Ausführung jedoch andere Menschen notwendig sind.

Ehrgeiz aus Eitelkeit für sich selbst und andere ist vorhanden, wenn zum Beispiel berufliche Anerkennung damit verbunden ist.

Ihre Beobachtungsgabe kommt mehr aus der Empfindungswelt.

Sie können sich fügen, obwohl sie oft dabei leiden; sie sind umgänglich, soweit es nicht ihre eigenen Interessen berührt. Kollegialität ist vorhanden.

Handelt es sich um harte Hände, herrschen diese Menschen gern oder verstehen es, durch Diplomatie andere zu beherrschen.

Ergänzende Merkmale

Zeigefinger sehr lang: Vorliebe für Religion mit dem Bestreben, führend zu sein. Das Leben wird mit durch Ehrgeiz regiert.

Mittelfinger sehr lang (selten): Neigung zu Frivolitäten und lustigen Streichen.

Ringfinger sehr lang: Große Intuition in Kunst, Inspiration in bezug auf andere Personen.

Kleiner Finger sehr lang: Intuition in bezug auf Okkultismus, Mystik, Medizin; ebenso Beredsamkeit.

Ist einer der Finger zu kurz, deutet dies auf Egoismus, Impulsivität, die durch Unbesonnenheit leicht zu Unglück führt.

Die ideale Hand

Aussehen: Auffallend schön in der Form, schlank, zart, die oberen Fingerglieder sind mehr oder weniger zugespitzt. Sie ist die verfeinerte, veredelte Form der konischen Hand, wie man sie zum Beispiel auf Heiligenbildern sieht. Der Daumen ist gerade und lang. Eine andere Art der idealen Handform, die sehr selten vorkommt, hat die gleiche schlanke Form, jedoch eckige Fingerspitzen.

Die ideale Handform ist die von allen Handtypen am meisten verfeinerte. Sie gibt Aufschluß über ein fortgeschrittenes geistiges Bewußtsein des Handeigners.

Charakteristik des Handeigners: So wenig die Anschauung dieser Menschen irdischer oder materieller Art ist, so ungeeignet sind sie auch für jede physische Arbeit. Sie werden regiert von Herz und Seele, sind besonders feinnervig und medial, lieben alles Große, Schöne, Hohe und Reine, Ideale, Sittliche und Göttliche. Sie sind schwärmerisch und reich an Fantasie, sind Spiritualisten und Mystiker. Alle Eigenschaften der konischen Handeigner sind hier harmonisch vereint und veredelt, zu Tugenden geworden. Die Finger haben keine Knoten und sind glatt. Sind aber Knoten und ein entwickelter Daumen vorhanden, so besitzen die Handeigner Geisteskraft und Kombinationsvermögen, aber auf Kosten der Milde und Weichheit. Je feiner und zarter diese Hände sind, um so zarter ist auch die physische Kraft der Besitzer.

Sie verabscheuen alles Gemeine, Niedrige, Selbstsüchtige, Unschöne und Materielle (obgleich sie ohne die materiellen Annehmlichkeiten nicht gut leben können). Sie besitzen aber doch einen festen und zähen Willen, der ihnen die Kraft gibt, für edle, ideale Zwecke und Ziele ihr Leben hinzugeben, wie es auch bei vielen Märtyrern geschah. Ihr Drang nach Wahrheit und Vernunft (im göttlichen Sinne) ist führend für sie. Sie können leicht von anderen Menschen ausgenutzt und betrogen werden. Gute Freunde oder Kameraden mit praktischer Lebenseinstellung bieten ihnen jedoch einen Halt.

Berufseignung: Für diesen Handtyp gibt es kaum einen einträglichen Beruf. Da diese Menschen aber einen außergewöhnlich guten Geschmack und Zartempfinden besitzen, hätten sie Freude daran, »Mode zu machen« und ein eigenes Atelier zu führen. In der Schauspielkunst können sie Hervorragendes leisten. Das sind ihre besten Berufsmöglichkeiten.

Bei der idealen Hand mit eckigem Einschlag der Fingerspitzen würde Pädagogik, geistig fundiert, in Frage kommen. Einem Künstler oder Wissenschaftler, der auch praktisch veranlagt sein sollte, wären sie beste seelisch-geistige Kameradin.

Ergänzende Merkmale

Wie bei den konischen Händen.

Die gemischte Hand

Aussehen: Die gemischte Hand ist eine Kombination mehrerer Hand- und Fingerformen. Dementsprechend vielseitig ist die Charakteristik des Handeigners.

Zeigefinger und Kleiner Finger sind oft gleicher Form (konisch oder spitz), Mittel- und Ringfinger eckig oder spatel.

Es kann auch sein, daß jeder Finger anders geformt ist, zum Beispiel der Zeigefinger konisch, der Mittelfinger eckig, der Ringfinger spatel, der Kleine Finger spitz. Der Handrumpf gehört vorwiegend den praktischen Händen an, die auf materiellen Einschlag hindeuten.

Bei der Beurteilung einer gemischten Hand sind die Fingerformen in ihrer unterschiedlichen Charakteristik genau zu analysieren und zu kombinieren.

Charakteristik des Handeigners: Das Hauptmerkmal dieser Menschen ist Vielseitigkeit im Denken und Handeln.

Die Handeigner der gemischten Hand besitzen die Intelligenz für vielschichtige Tätigkeiten und sich damit verbindenden Ideen. Sie verfügen über besonders gute Anpassungsfähigkeit. Ihre Denkrichtung ist immer praktisch und mehr real. Sie können Idealisten sein, wenn sie einsehen, daß der Idealismus Sinn hat und sich nicht in Theorien verliert. Geistige Gewandtheit, auch Neigung zu Bosheit und Ironie sowie Satirik sind ihnen eigen.

Handeigner mit gemischten Händen sind die Menschen, die den weltlichen und geistigen Fortschritt vorantreiben.

Berufseignung: Da diese Handeigner sehr vielseitig und fortschrittlich eingestellt sind, werden sie auch Berufe ergreifen wollen, die Flexibilität voraussetzen, ihre Interessen immer wieder anregen und ihnen neue Aufgaben stellen. In den Berufssparten Administration, Handel und Verkehr, Flugwesen, Hoch- und Tiefbau, Fernmeldewesen, Zeitungswissenschaften, Werbeagenturen, Touristik, Vertretungen, Detekteien können sie gute Leistungen vollbringen und erfolgreich sein. Ihr Schönheitssinn kommt in den praktischen Künsten, wie Bildhauer- und Steinmetzarbeiten, gut zum Ausdruck. Fast alle Autodidakten haben gemischte Hände.

Menschen mit gemischten Händen lieben Ordnung und Genauigkeit aus praktischen Erwägungen.

Wenn sie sich für eine Sache engagieren, können sie pflichtbewußt, zuverlässig und strebsam sein.

Sie haben Talent zum Organisieren, ordnen sich aber nicht gern unter.

Allgemein verfügen sie über eine gute Beobachtungsgabe. Sie wissen gute Gelegenheiten zu nutzen und Kontakte herzustellen.

Sie sind kollegial, verstehen aber auch, aus ihren Untergebenen alles nur mögliche herauszuholen.

Unter diesen Handeignern gibt es viele, die andere ausnutzen und nach dem Motto handeln: Was habe ich davon, was bekomme ich dafür, was bringt es mir ein?

Weil viele Menschen gemischte Hände haben und um eine Analyse zu erleichtern, folgt dazu eine *allgemeine Charakteristik,* wie sie zu den einzelnen Fingern gehört.

Zeigefinger: Strebsamkeit, Ehrgeiz, Herrschsucht, Anmaßung.

Mittelfinger: Nachdenklichkeit, Verantwortungsgefühl, Grübelei, Depression.

Ringfinger: Schönheitssinn, Ethik, Idealität, musikalische Begabung, Kunstsinn, inneres Erleben.

Kleiner Finger: Intellekt, Intuition, Organisationstalent, Rednergabe, Einfühlungsvermögen.

Nach der *Länge* oder *Kürze* der einzelnen Finger und nach der Form der Fingerspitzen zeigt es sich, ob die zutreffende Eigenschaft in stärkerem oder geringerem Maße vorhanden ist.

Innenhand

Ergänzend zur äußeren Handform muß die Plastik als Energiefeld der Innenhand für die Berufseignung mit beurteilt werden.

Unter den Fingern, am Handrand entlang und auf der Daumenwurzel befinden sich Berge oder Erhöhungen, die bestimmte Charakteristiken aufweisen. Die Gestaltung der

Wölbungen gibt weitere Hinweise auf die Charakteristik des Handeigners.

Die Charakteristik der Berge entspricht den darüberliegenden Fingern. Tritt ein Berg hervor, verstärkt er die Charakteristik, fehlt er, schwächt er diese ab.

Die einzelnen Finger sowie die Berge wurden in der wissenschaftlichen Handlesekunst zum besseren Verständnis astrologisch bezeichnet (Bild 2):

Zeigefinger:	Jupiter
Mittelfinger:	Saturn
Ringfinger:	Apollo
Kleiner Finger:	Merkur

Die unter den Fingern befindlichen Berge haben folgende Charakteristiken:

Jupiterberg: Strebsamkeit, Wohlwollen, Protektion, Persönlichkeitsdrang, Führerschaft.

Saturnberg: Melancholie, Schwermut, Nachdenklichkeit, geistige Sammlung, Konzentration, Verantwortungsgefühl, Karma.

Apolloberg: Ethik, Ästhetik, Schönheitssinn, Ehren, Wohlstand, inneres Erleben, Sinn für das Seelische, Kunst, Literatur.

Merkurberg: Verstandesdenken, Routiniertheit, Verschlagenheit, Rednergabe, Sprachtalent, Lügenhaftigkeit, Betrug, Sinn für alles Kommerzielle, Industrielle und Wissenschaftliche, Jurisprudenz, Journalistik.

Am Handrand entlang folgen unter dem Merkurberg der Marsberg (♂), darunter liegend der Mondberg (☾), diesem gegenüber liegt die Daumenwurzel, der Venusberg (♀).

Marsberg: Seelische Widerstandskraft, Mut und Geistesgegenwart, Durchsetzungskraft (Körperkonstitution).

Mondberg: Gemüt, Fantasie, Kreativität, Magnetismus, Sinn für Lebensgenuß, Wechsel, Reisen.

Venusberg: Sinnlichkeit, Leidenschaft, Gutherzigkeit, Sinn für Schönheit, Kunst, Musik, Farbe, Ton und Rhythmus, Familiensinn, Lebensgenuß.

Für jeden Beruf ist erstens: der Ausdruck und Verlauf der Kopflinie, zweitens: die Vollständigkeit und der Verlauf der Schicksalslinie, drittens: Ausdruck und Verlauf der Apollolinie (Bild 1) entscheidend für die Berufung des Menschen.

Die Kopflinie: Diese Linie läßt erkennen, ob der Handeigner eine langsame oder schnelle Entschlußkraft, große Offenheit oder Verschlossenheit besitzt. Es ist günstig, wenn die Kopflinie am Anfang mit der Lebenslinie etwa 1 cm lang verbunden ist (Bild 1 und 3). Je weiter die Kopflinie am Anfang von der Lebenslinie abweicht, um so schneller und auch spontaner ist die Entschlußkraft und somit auch die Offenheit (Bild 5, Figur 15). Je länger die Kopflinie mit der Lebenslinie am Anfang verbunden ist, um so langsamer ist das Sich-Entschließenkönnen. Durch den Verlauf der Kopflinie wird die Denkrichtung angezeigt.
Verläuft die Kopflinie waagerecht in Richtung Marsberg oder in diesen hinein, so ist die Denkweise des Betreffenden verstandesmäßig und materiell (Bild 6, Figur 1).
Verläuft diese Linie leicht bogenförmig in Richtung Mondberg, ist der Gedankengang ideal und fantasievoll (Bild 4). Der Handeigner besitzt damit Gestaltungskraft, die für einen Künstler Voraussetzung ist (Bild 4, 6, 9).
Neigt sich die Kopflinie gleich am Anfang tief nach unten in den Mondberg, zeigt sie Tendenz zu Schwindelgefühl und Fall, ebenso Schwermut bis zum Lebensüberdruß (Bild 9).
Eine doppelte Kopflinie dokumentiert: »zweierlei

Mensch«, »zweierlei Charakter«. Eine gewundene, schlangenförmige Kopflinie deutet auf einen Menschen, der nicht geradlinig denkt (Bild 11, Figur 3). Zeichen in der Linken besagen, daß sich alle angezeigten Eigenschaften oder Neigungen mehr in der Jugend, das heißt bis zum 30. Lebensjahr des Handeigners auswirken, die Zeichen in der rechten Hand in der Zeit danach. Daher ist es unbedingt erforderlich, immer beide Hände zu betrachten. In der linken sowie rechten Hand sind alle Veranlagungen, Dispositionen und Vererbungen eingeprägt. Die linke Hand deutet auf die seelische Ebene des Handeigners, die rechte Hand auf die geistige Ebene. Die linke Hand bezieht sich auf die mütterliche Erbmasse und Generation, die rechte Hand auf die väterliche.

Die Schicksalslinie (Bild 1, Saturnlinie): Diese von der Handwurzel senkrecht aufsteigende und nach dem Saturnberg strebende Linie weist in ihrem Ausdruck auf den Lebens*weg* und auf die Bewußtseinsentwicklung des Handeigners. Ist diese Linie sehr zerrissen oder kettenartig, ist der Lebensweg unbeständig, wechselvoll, mehr mit Anstrengungen und Schwierigkeiten verbunden. Entspringt diese Linie im Mondberg und verläuft sie ungebrochen zum Saturnberg, enthält sie für den Handeigner den Hinweis für viele Reisen oder Erfolg in überseeischen Ländern, wobei ihm seine Intuition und Flexibilität zugute kommen. Läuft das Ende der Schicksalslinie durch das Beugegelenk in den Mittelfinger hinein, besteht die Tendenz zu Isolierung.

Die Apollolinie (Bild 1): Diese Linie läuft oft parallel mit der Schicksalslinie zum Apolloberg. Sie ist selten lang, häufig zersplittert, kaum oder überhaupt nicht vorhanden.

Sie bezeugt inneres Erleben und große seelische Empfänglichkeit. Ist sie lang und gut geprägt, wird besonders bei einem Künstler die berufliche Laufbahn erfolgreich sein. Ist dagegen die Apollolinie gestört durch Bruch, Querstriche oder Kettenbildung, wird dieser Künstler mit Schwierigkeiten, Hindernissen, Anfeindungen rechnen müssen.

Beginnt diese Linie in der Handmitte, muß sich der Handeigner bemühen, durch eigenen Antrieb und Selbständigkeit vorwärtszukommen.

Beginnt die Linie aber im Mondberg, sind äußere Einflüsse (Reisen und Reisebekanntschaften, Mode und Konjunktur, unvorhergesehene Ereignisse und das andere Geschlecht) für seinen Beruf ausschlaggebend.

Ist diese Linie besonders tief und klar, wird der Handeigner entweder gut situiert sein oder zu höheren Ehren gelangen (Napoleon, Goethe, Lord Robert).

Die Merkur- oder Magenlinie (Bild 1): Diese Linie beginnt in der Handwurzel oder am unteren Ende des Daumenballens. Sie verläuft in *schräger* Richtung zum Merkurberg. Sie gibt den gesamten Nervenzustand und die Drüsentätigkeit zu erkennen. Eine gute Merkur- oder Magenlinie deutet auch auf gute kaufmännische Fähigkeiten. Reicht sie durchgehend bis in den Merkurberg hinein, lassen sich mathematische Fähigkeiten sowie Talent für fremde Sprachen ableiten.

Dritter Teil

Berufseignung nach chirosophischen Grundsätzen

Der dritte Teil dieses Buches enthält die von so vielen Menschen ersehnte Ausarbeitung und Darstellung über Berufseignung aufgrund der Handplastik, Fingerform und Linienführung.

Für die Berufswahl werden verschiedene Methoden herangezogen. Die Graphologie ist in dieser Hinsicht weniger schnell überschaubar. Die Berufseignung ergibt sich aus der Analyse des Schriftbildes. Die Beurteilung der Handschrift setzt großes Können und eine besondere Begabung voraus, die nur bei wenigen Graphologen zu finden ist.

Die Phrenologie wird seit langem zur Begutachtung bei der Berufswahl mit herangezogen. Die phrenologischen Zeichen und Merkmale sind offensichtlich und benötigen auch für diesen Wissenszweig größere Fähigkeiten.

Die Astrologie ist hier aussagereicher. Sie läßt durch die Horoskopberechnung günstige und ungünstige Zeiten in bezug auf den Beruf für das ganze Leben erkennen.

Von einigen der Psychotechnik nahestehenden Persönlichkeiten wurde berichtet, daß man auf psychotechnische Art die geistig-ethischen Qualitäten eines Menschen *nicht* feststellen kann, sondern nur die intellektuelle Denkrichtung.

Die Berufseignung, die auf der Chirologie basiert, hat den Vorzug, daß alle Merkmale, die zur Begutachtung beruflicher Tätigkeiten notwendig sind, klar erkannt werden können.

Die Wissenschaft der Chirologie ermöglicht es, nicht nur die Konstitution des Menschen in körperlicher, see-

lischer und geistiger Hinsicht zu erkennen, sondern auch
die Interessenrichtung einzubeziehen, die zu einem Überblick verhilft. Durch die Handformenkunde lassen sich
sowohl die praktischen Fähigkeiten als auch die ethischen
Werte herausfinden. Für die Berufsberatung ist es erforderlich, die Handform mit Linien und Zeichen kombiniert
zu sehen. Als Grundlage dient das Lehrbuch der wissenschaftlichen Handlesekunst. Kenntnisse der verschiedenen
Berufe und ihrer Anforderungen sollten vorhanden sein,
um andere beraten zu können. Ohne Verantwortungsbewußtsein läßt sich dieser Wissenszweig nicht förderlich
ausüben. Viele Menschen wählen nicht den ihren Fähigkeiten entsprechenden Beruf. Sie werden oft in diesen
hineingezwängt durch die Auffassung der Eltern, durch
Vorurteile, durch scheinbare Vorteile oder durch politi-
sche Sinngebung. Wer hat ein wirkliches Wohlbefinden in
seiner Tätigkeit? Wer hat neben dem Talent für eine
bestimmte Aufgabe auch das notwendige Interesse dafür?
Der eine hat Talent und kein Interesse; der andere hat
wohl Interesse für einen Beruf, aber keine Begabung dafür.
Mancher hat weder das eine noch das andere. Mancher hat
beides, nämlich Interesse *und* Begabung für seinen Beruf.
Nur der letztere findet Erfüllung in seiner Aufgabe. Er
kann das Beste in seinem Fach leisten. Begabung und
Interesse kann man auch für mehrere Tätigkeiten besitzen.

Man kann Talente oder Begabungen erkennen, jedoch
niemals, ob der betreffende Mensch auch hierfür Interesse
hat. Bei der Berufseignung sollte dies sehr deutlich un-
terschieden werden. Ein Begabter sollte für einen Beruf
auch immer Interesse besitzen.

Man erkennt an der Form der Hand und besonders an
der Form der Finger, welche Fähigkeiten oder Möglich-
keiten in dem betreffenden Menschen veranlagt sind.

Es gibt praktische Hände, die anzeigen, daß deren
Besitzer weitblickend sind und nur für großzügige Arbeit
in Frage kommen.

Es gibt nützliche Hände, die mehr einseitig für praktische Arbeiten in Betracht kommen.

Es gibt spitz zulaufende, schöne Hände, die sich niemals für praktische Arbeit eignen, weil bei dem Handeigner weder der Sinn noch die entsprechende Körperkonstitution vorhanden ist.

Es gibt konische Hände, die sehr viel Sinn für Geschäfte anzeigen. Der Handeigner ist jedoch nicht in der Lage, diese auszuführen. Durch seine gute Intuition kann er ausgezeichnete Hinweise geben, routinierte Angaben machen und ausgeklügelte Systeme anbieten. Er benötigt jedoch zur Durchführung einer Aufgabe praktische Menschen, die zupacken können. Ein geübter Blick kann die Unterschiede leicht erfassen. Die Feinheiten sieht man an der Nuancierung der Fingerformen und an der Plastik der Innenhand. Wesentlich für das Energiefeld des Handeigners ist es, wie die Plastik dargestellt ist. Eine Beurteilung ist einfacher, wenn jemand weiß, wofür er Interesse hat. Ist dies nicht der Fall, ist seine Handform mit den Berufen, die dieser Form zugeordnet sind, genau zu analysieren, wobei die *ganze* Thematik beherrscht werden sollte.

Zum Schluß sei nicht versäumt, all jenen, die als Berater für Berufseignung fungieren, anzuraten, hierbei gewissenhaft und korrekt vorzugehen. Fehler liegen nicht am System, sondern wenn gegeben, an einer mangelhaften Beherrschung der Materie seitens des Beraters. Immer denke man daran, daß es dabei um die Existenzfrage eines Menschen geht und daß eine Schädigung durch falsche Beratung nicht nur den zu Beratenden trifft, sondern auch dessen Eltern, die vielleicht unter großen Opfern die Mittel erwerben oder sie opfern, um ihrem Kind die erhoffte richtige Ausbildung zu ermöglichen. Nur auf einer guten und festen Wissensbasis läßt sich positiv und verläßlich arbeiten.

Beim Nachschlagen einer der im nachstehenden unter A bis Z angegebenen Bezeichnungen wird vorausgesetzt, daß alle unter den Ziffern jeweils angegebenen Hinweise mit einzubeziehen sind. *Ein* Zeichen gibt eine Neigung oder Disposition an, *mehrere* Zeichen (oft ganz verschiedener Topographie) verstärken die Bedeutung.

Im folgenden Text werden beispielsweise Bezeichnungen verwandt wie »ungünstige Zeichen« oder »gute Linien«, »normale, übermäßig große« oder »eingefallene« Berge. Wer das Lehrbuch der wissenschaftlichen Handlesekunst genau studiert hat, weiß, was mit diesen Bezeichnungen oder technischen Ausdrücken ausgesagt wird. Hier sei für einen kurzen Überblick erklärt, was darunter zu verstehen ist:

Gute Linien: Diese können gerade, gebogen oder auch als Parallelen verlaufen. Sie sollten von klarer Prägung sein.

Ungünstige Linien: Weisen die Linien Brüche, Kettenbildungen, Zerrissenheit, Zersplitterungen, Ringe, Gitterbildungen oder Sterne in sich auf, sind sie in ihrer Bedeutung nicht günstig. Als Beispiel: Kettenlinien oder Linien mit vielen Inseln und tiefen Punkten deuten auf krankhafte Zustände des Körpers und der Persönlichkeit. Sie können dementsprechend nicht als »günstig« gewertet werden.

Ungünstige Zeichen: Das sind vor allem – wie schon oben genannt – Kettenbildungen, farbige Punkte, zum Teil auch Kreuze und Sterne (mit Ausnahme auf Jupiter- und Apolloberg), außerdem Ringe und Gitterlinien. Wenn also die Bereiche gute Bedeutung haben, können sie durch ungünstige Zeichen »verdorben« sein.

Berge: Diese liegen nicht immer genau unter den Finger-
wurzeln, sondern sind häufig zu den daneben liegen-
den Bergen verschoben. In dieser Gestaltung muß
man die Charakteristiken des einzelnen mit dem neu-
gebildeten Berg kombinieren (siehe hierüber »Die
wissenschaftliche Handlesekunst«, Verlag Hermann
Bauer). Ein geschultes Unterscheidungsvermögen
wird schnell feststellen können, ob ein Berg normal,
übermäßig groß oder eingefallen ist. Ist der Berg
normal geformt, kann man auf normale oder eine
mittelmäßige Veranlagung seiner Eigenschaften
schließen. Ein extrem großer Berg, der in der Plastik
überhöht ist, bedeutet analog »Verstärkung dieser
Eigenschaften bis zum Übermaß«. Flache Berge oder
auch eingefallene Berge bekunden, daß nicht allein die
Eigenschaften zurücktreten, sondern daß auch eine
negative Auswirkung dieser betreffenden Eigenschaften vorliegt.
Ein verschobener Berg geht durchaus nicht mit einer
schlechten Charakteristik konform. Zeichen auf den
Bergen sind unabhängig von der verschobenen Plastik
zu werten. Wesentlich ist die ursprüngliche Anlage
des Berges. Ein Beispiel: In einer Hand ist der Jupiterberg zum Saturnberg hin stark verschoben, so daß
die Plastik des Jupiterberges fast ganz unter den Saturnberg reicht. Befindet sich nun auf dem *plastischen*
Jupiterberg unter dem Saturnfinger ein Stern, so ist
dieser nicht dem Jupiterberg zuzurechnen. Da der
Stern den *Platz* des Saturnberges einnimmt, sagt er
auch für diesen aus.

Abenteuerlust: Abzuleiten aus einem extrem großen Apolloberg mit Spatelfingern oder auch aus einem übertrieben großen Merkurberg mit Spatelfingern. Immer mitkombiniert ist ein übermäßig großer Venus- und Mondberg.

Aberglauben, Neigung zu: Übermäßig großer Mondberg, Zeigefinger spatelförmig oder eckig, oft auch markanter Saturnberg. Viele Linien auf dem Mondberg verstärken diese Bedeutung.

Abwechslung, Neigung zu: Alle Menschen mit Spatel- und gemischten Händen sowie mit konischen Fingern lieben keine eintönigen und sie begrenzenden Arbeiten, sondern den Wechsel.

Ahnungsvermögen: Eine gut gezeichnete Schicksalslinie, vom Mondberg ausgehend; vertieftes Ahnungsvermögen, wenn sie auf den Jupiterberg zuläuft. Intuitionslinie; oder Intuitionslinie in Apollolinie mündend. Ein Dreieck auf dem Mond- oder Saturnberg, Bild 4, Zeichen 6, 7. Auch Insel oder Spaltung in der Intuitionslinie, Bild 5, Zeichen 2. Großer Mondberg.

Aktivität: Kräftige Handform, gut geformter Daumen, starker Venus-, Merkur- und Marsberg.

Ängstlichkeit: Zarte Hände; schmaler, biegsamer Daumen, dazu noch klein. Kleiner oder eingefallener Marsberg, spitze Finger.

Anmaßung: Abstehende Daumenhaltung, zutreffend für alle Handformen, besonders bei eckigen, Spatel- und gemischten Händen. Starker Venus- und Jupiterberg. Ein übergroßer Jupiterberg für sich gibt ebenso eine Tendenz dazu.

Anpassungsfähigkeit: Auf Menschen bezogen: zurückgebogener Daumen. Sie verstärkt sich durch zurückgebogene Fingerspitzen. Auf Verhältnisse bezogen: Obengenannte Merkmale kommen dazu nicht in Betracht. Geeignet aber sind Menschen mit Spatel- oder gemischten Händen.

Ärger, Neigung zu: Kurze Fingernägel, übermäßig starker und gerader Daumen, ganz besonders, wenn das erste Glied auffallend breit ist (Jähzorn). Übermäßig starker Mars- und Merkurberg. Durch Querstriche gestörte Kopflinie, Bild 4, Zeichen 8.

Argwohn, Mißtrauen: Kaum geprägter Merkurberg bei spitzen Fingern; extrem großer Merkurberg sowie großer Saturnberg bei eckigen Fingern. Querlinien oder Gitter im Merkurfinger.

Ästhetik: Normal großer Apolloberg bei eckigen oder spitzen Fingern, verstärkt durch Dreieck auf Apolloberg.

Astrologie, Begabung für: Spitzer Merkurfinger, möglichst gute Saturnlinie vom Mondberg kommend, Intuitionslinie, Dreieck auf dem Mondberg, möglichst gute Sonnenlinie.

Asyl (Abgeschiedenheit, Klausur, Gefängnis): Quadrat innen an der Lebenslinie, Bild 4, Zeichen 1.

Aufopferungsfähigkeit: Großer Venusberg, hoher Jupiter- und Apolloberg. Diese Berge dürfen hier im besonderen keine ungünstigen Zeichen aufweisen.

Aufrichtigkeit: Für die Veranlagung hierzu gibt es günstige Zeichen sowie einen guten Venus-, Jupiter- und Apolloberg. Andere weniger günstige Zeichen können diese jedoch aufheben oder beeinflussen. Dadurch erschwert sich eine klare Aussage.

Ausbeutung, Veranlagung zu: Große kräftige (materielle) Hände oder auch große konische Hände. Besonders lange Kopflinie, die in den Marsberg bis zum Handrand reicht. Querlinien auf Merkurberg und -finger, Bild 4, Zeichen 2, 3.

Ausdauer: Kräftige Hand, großer, gerader Daumen, markanter Daumenknoten. Je praktischer der Handeigner, um so größer die Ausdauer.

Ausdruck in der Rede: Genau und korrekt – eckige Hände, besonders ein eckiger Merkurfinger. Diplomatisch – spitzer Merkurfinger. Derb und wuchtig – Merkurfinger spatelförmig. Gutgeformte plastische Darstellung: Spatelform des Apollofingers, guter Daumen.

Auseinanderleben, Entfremdung in der Ehe oder in einer Beziehung: Gespaltene Ehelinien, Bild 5, Zeichen 1.

Ausschweifung, sexuelle: Weiche, schwammige Hände, auffallend starker Venusberg mit vielen Linien, besonders, wenn Zeichen auf dem Venusberg vorhanden sind, die ein lateinisches W und ein durchgestrichenes O bilden; Bild 4, Zeichen 4, 5.

Bedachtsamkeit: Normal großer Saturnberg bei eckigen oder Spatelfingern.

Begabung: Dies läßt sich durch entsprechende Zeichen nachweisen und ist nachzuschlagen unter »Berufseignung«.

Begeisterung: Normaler Mondberg bei spitzen Fingern, bei normalem Apolloberg und Spatelfingern oder spitzen Fingern.

Begierde: Ein übermäßig großer Venusberg (bei allen Handtypen), verstärkt durch Weichheit der Hände sowie durch Zeichen auf dem Venusberg W und durchgestrichenes O oder Gitter, Bild 4, Zeichen 9.

Belastung, erblich: Siehe »Medizinische Hand- und Nageldiagnostik«, Verlag Hermann Bauer, Freiburg.

Bequemlichkeit: Dicke oder mollige dritte (untere) Glieder der Finger bei allen Handtypen, besonders verstärkt durch einen großen Venus- und Mondberg.

Berechnung: Große, an der Basis breite konische Hände. Auch eckige und Spatelhände mit einer langen Kopflinie, die bis zum Rand in den Marsberg führt. Bild 6, Zeichen 1–1.

Beredsamkeit: Normaler oder großer Merkurberg. Der Kleine Finger reicht über das erste Beugegelenk des Apollofingers hinaus. Bild 4.

Beschaulichkeit: Starker Venus- und Mondberg bei konischen oder spitzen Fingern, verstärkt durch Weichheit.

Besessenheit, Neigung zu: Stark zerrissene Apollolinie,
sehr zerrissener Venusgürtel, Bild 6, Zeichen 3, 2,
verstärkt durch Gitter auf dem Apolloberg. Bild 5,
Zeichen 6.

Betrügereien, Neigung zu: Übergroßer Merkurberg bei
eckigen oder Spatelfingern. Verstärkt durch Querlinien (und/oder Gitter) auf Merkurfinger und -berg.
Bild 4, Zeichen 2, 3.

Beweglichkeit: Gutgeformter Merkurberg bei konischen
oder Spatelfingern.

Blasiertheit: Eine blasse oder sehr dünne Herzlinie ohne
Äste. Blasse Haut (oft dekadente Hand). Bild 12,
Zeichen 2.

Blödheit: Keine Kopflinie oder eine sehr kurze (pathologisch) – 2 bis 3 cm. Bild 12, Zeichen 1.

Bohèmeleben, Vorliebe für: Guter Apollo- und Mondberg bei konischen oder spitzen Fingern. Viele Linien
auf dem Mondberg. Bild 6, Zeichen 4.

Brandschäden, Disposition zu: Hausbrand – ein Stern
an der Außenseite des Jupiterberges. Bild 4, Zeichen
10. Verbrennungen oder Verbrühen – viele *kleine*
Kreuze oder Sterne im Handtisch. Bild 4, Zeichen 11.

Brutalität: Ein gerader, im ersten Glied übermäßig breiter
Daumen, verstärkt durch kräftigen Marsberg. Bild 6,
Figur A. Übergroßer Marsberg bei Spatelfingern.

Bürokratismus: Normal großer Saturnberg bei eckigen
oder Spatelhänden.

Charakterfestigkeit: Übereinstimmend mit dem Grad
der Festigkeit der Hände. Positiv oder negativ.

Dämonie: Siehe Besessenheit.

Darstellungskraft: Guter Merkur- und Apolloberg bei

konischen Fingern und einer etwas nach rückwärts gebogenen Daumenspitze.

Degeneration: Übermäßig kurze Fingernägel, auch dreieckige Nagelform. Bild 8, Figur B, C, E. Kettige Lebenslinie, große Inseln in der Kopflinie. Bild 7, Zeichen 1, 2. Auch wenn die Daumen- oder Fingernägel zur Außenseite gebogen sind. Bild 8, E.

Depressionen: Übergroßer Saturnberg bei spitzen oder konischen Fingern, und bei Kopflinien, die tief in den unteren Mondberg verlaufen. Bild 9, Zeichen 1.

Dieberei, Neigung zu: Siehe unter Betrügereien.

Diplomatie: Querlinien auf dem mittleren Glied des Jupiterfingers oder auf dem Merkurfinger. Bild 4, Zeichen 12, 2. Verstärkt durch die am Ende gespaltene Kopflinie. Bild 5, Zeichen 7.

Doppelnatur: Zwei Kopflinien, auch gewellte Kopflinie. Bild 11, Zeichen 3.

Dramatik: Leicht zurückgebogene Daumenspitze, Bild 5, Figur B, ebenso ein Merkurfinger, der das zweite Glied des Apollofingers überragt. Bild 4.

Dummstolz: Übermäßig großer Jupiterberg bei eckigen und auch bei konischen Fingern.

Egoismus: Wenig ausgeprägter Venusberg und Jupiterberg im besonderen. Im allgemeinen immer bei materiellen Handformen (eckige und Spatelform oder gemischt) und bei kurzen Fingernägeln. Bild 8, Figur B.

Ehescheidung (im geistigen Sinn): Entfremdung – (die Erwartungshaltung an den Partner ist größer als die eigene Bereitschaft zu geben). Eine Herzlinie, die zwischen Jupiter- und Saturnfinger endet. Bild 11, Zeichen 4.

Ehestörung durch Streitigkeiten: Feine senkrechte Linien durch die Ehelinien, Bild 6, Zeichen 5. Verbindung von Ehelinien mit anderen Linien, Bild 7, Zeichen 3, 4.

Ehren durch seelisch-geistige Bewußtseinsentwicklung: Aus der Lebenslinie, zum Jupiterberg aufsteigende Linien. Bild 4, Zeichen 13. Sonne auf Apolloberg, Bild 7, Zeichen 5. Lange Sonnenlinie, die in den Apollofinger reicht. Bild 12, Zeichen 3.

Ehrgeiz: Eckige Hände mit großem Jupiterberg, auch Spatelhände mit gutem Merkurberg; eine Kopflinie, die im Jupiterberg ihren Anfang nimmt (positive Lebenseinstellung), Bild 7, Zeichen 10.

Eigenschaften der Planeten in der Topographie der Innenhand: Planeteneinflüsse sind auf einem Berg als symbolisches Zeichen eines Planeten sichtbar.

Zum Beispiel bedeuten:

Jupiterzeichen auf Mondberg: Neigung zu Wahrträumen. Bild 11, Zeichen 5.

Saturnzeichen auf Mondberg: Neigung zu religiösen Wahnideen. Bild 11, Zeichen 9.

Merkurzeichen auf Mondberg: Neigung zu krankhaften Spekulationen. Bild 10, Zeichen 7.

Marszeichen auf Mondberg: Neigung zu Jähzorn. Bild 12, Zeichen 11.

Marszeichen auf Merkurberg: zu großer oder gewaltsam einsetzender Erwerbstrieb.

Merkurzeichen auf Apolloberg: außergewöhnliches Händlertalent.

Mondzeichen auf Apolloberg: Gefahr für krankhafte Fantasie in Ausübung von Kunst, Bild 11, Zeichen 6.

Venuszeichen auf Apolloberg: Idealisierung bester Art in künstlerischem Beruf. Bild 12, Zeichen 12.

Saturnzeichen auf Saturnberg: Erkenntnishaftes Erfassen in Mystik und Philosophie.

Mondzeichen auf Saturnberg: Schwermut (bis zum Irrsinn).

Jupiterzeichen auf Jupiterberg: Sehr günstig für die Förderung der geistigen Evolution sowie für Protektion auf der materiellen Ebene.

Venuszeichen auf Jupiterberg: Sehr günstig für Bereiche des Herzens. Saturnzeichen auf Jupiterberg: Erfolg in okkultistischen Studien. Bild 11, Zeichen 7. Mondzeichen auf Jupiterberg: Krankhafte Fantasie zerstört die Strebsamkeit.

Dieselben Zeichen können auch Einflüsse von Personen anzeigen, die diesem Planetentyp entsprechen. Siehe dazu das Lehrbuch: *Wissenschaftliche Handlesekunst*, S. 291 ff.

Eigensinn (eigener Sinn): Gut ausgebildeter, gerader Daumen mit gut ausgeprägtem ersten Glied; hoher Jupiterberg.

Einbildung: Im allgemeinen, wenn ein großer Mondberg vorhanden ist, im besonderen Spatelfinger mit großem Apolloberg. Ebenfalls konische oder spitze Finger mit übergroßem Apolloberg.

Einfühlung, seelisch-geistig: Zarte Hautbeschaffenheit, Intuitionslinie. Bild 12, Zeichen 4.

Einsamkeitsliebe: Normaler oder etwas größerer Saturnberg, der frei von Linien und Zeichen ist, bei eckigen oder Spatelfingern.

Eitelkeit: Ein zu großer Jupiterberg sowie Apolloberg bei allen Fingerformen.

Elektrobiologie, Begabung für: Ein Dreieck, gebildet durch Herz-, Sonnen- und Magenlinie. Bild 4, Zeichen 14.

Empfänglichkeit für äußere und innere Eindrücke: Zarte Haut, Intuitionslinie bei allen Fingerformen, besonders bei konischen und spitzen Fingern.

Empfindungsfähigkeit, seelische: Zarte Haut, Intuitionslinie sowie viele feine Handlinien. Je mehr Linien, um so größer die Empfindungsfähigkeit.

Energie: Gut gebildeter, gerader Daumen, gut geformtes erstes Glied, verstärkt durch Festigkeit der Hände.

Engherzigkeit: Mehr oder weniger bei allen eckigen Fingern vorhanden, sichtbar durch die bogenförmige, sich in der Mitte der Bogen einander zuneigende Herz- und Kopflinie. Bild 10, Zeichen 1.

Entfremdung: Siehe Ehestörung.

Entführung (entführt oder gefangen werden): Bogenartiger Verlauf der halben Linie des Venusgürtels in die Saturnlinie, Bild 10, Zeichen 2.

Enthaltsamkeit, Neigung zu: Senkrecht verlaufende Linie am Handrand – Isislinie – seitlich auf dem Mond- und Marsberg. Bild 4, Zeichen 15.

Entschlußfähigkeit, schnelle: Beginn der Lebenslinie getrennt von der Kopflinie oder ca. 1/2 cm mit dieser verbunden.

Entschlußfähigkeit, verlangsamte: Die Kopflinie mit der Lebenslinie länger als 2 cm verbunden. Eckige Hände haben die Tendenz zu einer langsameren Entschlußfähigkeit.

Erfindungen, Fähigkeit zu: Normal großer Merkurberg bei konischen, eckigen und Spatelfingern.

Erregbarkeit: Besonders groß bei feinnervigen Personen mit kurzen Fingernägeln.

Erwerbssinn, besonders starker: Bei allen praktischen Handformen, eckig und spatel sowie bei dicken konischen Händen.

Ethik: Knotiger Handtyp, besonders, wenn ein Dreieck auf dem Apolloberg vorhanden ist. Bild 4, Zeichen 16.

Etikettenwahn, Neigung zu: Vorwiegend bei eckigen Händen mit einer Kopflinie, die in den Marsberg mündet.

Fall, Neigung zu: Kopflinie, die tief in den Mondberg verläuft; Stern auf dem unteren Teil des Mondberges. Bild 9, Zeichen 1, 3.

Falschheit: Ungünstiger Jupiter- oder Merkurberg bei Spatelhänden, Gitter auf dem Merkur- oder Apolloberg oder im Handtischbereich jeder Handform.

Bild 10, Zeichen 3. Gut angelegte konische oder ideale Handform mit auffallend wenigen Linien.

Fantasie, gesunde: Gut ausgeprägter, normaler Mondberg mit einer Kopflinie, die in Richtung oberer Mondberg zeigt.

Fantasie, krankhafte: Extrem großer Mondberg bei konischen, spitzen oder Spatelfingern.

Farbensinn: An den Händen kann man feststellen, ob für ein bestimmtes Instrument beziehungsweise für eine spezielle Malrichtung eine entsprechende Veranlagung besteht, vorausgesetzt, daß Farben- oder Tonsinn vorhanden sind.

Faulheit: Der Grad der Faulheit richtet sich nach der Beschaffenheit der Hand (weich und schlaff).

Feigheit: Ungünstiger Marsberg bei allen Handtypen.

Feinfühligkeit, körperliche: Zarte Haut. Bild 12, Zeichen 6; zarte Ballen an den Fingerspitzen.

Feinfühligkeit, seelische: Sehr viele feine Linien in den Händen.

Feinnervigkeit: Sehr viele zarte, feine Linien in den Händen, verstärkt durch guten Venusgürtel, gute Magen- und Intuitionslinie, auch Sonnenlinie.

Festigkeit, charakterliche: Je nach Elastizität der Hände.

Flüchtigkeit: Konische oder spitze Finger, Kopflinie unverbunden mit anderen Linien.

Formalität: Gut ausgeprägter Saturnberg, besonders bei eckigen Händen.

Frechheit: Stark ausgeprägter, gerader, *abstehender* Daumen, gut ausgeprägter Marsberg, verstärkt durch kurze Nägel oder breite Handform.

Freiheitsliebe: Gerader, abstehender Daumen.

Frivolität, Neigung zu: Normal großer Saturnberg, guter Merkurberg und spitzer Saturnfinger. Bild 4, Zeichen 21.

Gasvergiftung, Disposition zu: Querlinie auf dem oberen Teil des zweiten Gliedes des Saturnfingers. Bild 4, Zeichen 17. Auch brauner Punkt in der Kopflinie in Höhe des Saturnfingers.

Gedankentiefe: Gut ausgeprägter Saturnberg bei eckigen Fingern oder bei knotiger Hand.

Gefühlskälte: Schmaler, flacher Venusberg mit wenigen oder keinen Linien, fadenartige oder blasse Herzlinie.

Gefühlsroheit: a) wie bei Gefühlskälte, dazu geraden, langen Daumen mit breitem ersten Glied.
b) breite, materielle Hände mit kurzen Fingern, roter Haut, übermäßig großem Venus- und Marsberg, kräftigem geraden Daumen mit breitem ersten Glied.

Gehässigkeit: Übergroßer Saturnberg bei eckigen und Spatelfingern.

Geistesgegenwart: Gut ausgeprägter Merkur- und Marsberg, gut ausgeprägter Daumen.

Geiz: Siehe Habsucht.

Gemüt: Starker Venus- und Mondberg, verstärkt durch Saturnlinie, die im Mondberg entspringt.

Gemütsleiden: Übergroßer Mondberg, besonders bei Spatelhänden, verstärkt durch Gitter oder viele Querlinien, so wie Zeichen auf dem Mondberg, Bild 7, Zeichen 6.

Gemüt, Mangel an: Normaler glatter Saturn- und Mondberg, wenig Handlinien.

Genauigkeit: Normaler Saturnberg bei eckigen und Spatelfingern.

Genießer: Zarte Hautbeschaffenheit, alle Berge sind gut ausgeprägt, fleischige Hand; verstärkt in dem Grade wie die Hand weich ist.

Gewalttätigkeit: Kräftige Hand, ausgeprägter Merkur- und Marsberg, gerader unbiegsamer Daumen mit breitem ersten Glied.

Gewandtheit, geistige: Gut ausgeprägter Merkurberg mit konischen oder gemischten Fingern.

Gewissenhaftigkeit: Siehe Genauigkeit.

Glück: Wahres Glück ist ein innerer Zustand, der sich daher an äußeren Merkmalen nicht ersehen läßt. (Glück hat nichts zu tun mit Reichtum und anderen Äußerlichkeiten.)

Gram, Neigung zu: Kopflinie verläuft in Richtung nach dem mittleren oder unteren Mondberg. Die rechte Zeigefingerspitze ist gegen den Mittelfinger gebogen.

Grausamkeit, Disposition zu: Siehe Gewalttätigkeit.

Größenwahn, Disposition zu: Übermäßig großer Jupiterberg bei konischen, eckigen oder Spatelfingern, auch übermäßig großer Apolloberg bei spitzen, konischen oder Spatelfingern.

Großzügigkeit: Volle Handberge, zarte Haut, Daumen und Fingerspitzen sind etwas nach rückwärts gebogen, bei konischen oder Spatelfingern (eckige Hände lassen sehr selten Großzügigkeit zu).

Grübelei: Kopflinie verläuft in den unteren Mondberg. Bild 9, Zeichen 1.

Gründlichkeit: Siehe Genauigkeit.

Gunst, geistig erarbeitet: Aus der Lebenslinie aufsteigende Linien, die in den Jupiterberg verlaufen. Der Jupiterberg sollte gut ausgeprägt sein. Bild 4, Zeichen 13.

Gutherzigkeit: Gut gewölbter, voller Venusberg, klare lange Herzlinie, die in den Jupiterberg reicht.

Habsucht: Lange konische Hände, die in der Basis besonders breit sind, stärker durch krallenartig gebogene Nägel oder durch Finger, die sich nicht mehr geradebiegen lassen, also stets nach innen gekrümmt sind.

Harmonie, allgemeine, des Lebens: Gut ausgeprägtes »M« (Lebens-, Kopf-, Schicksals- und Herzlinie). Bild 4.

Härte (Hartherzigkeit): Harte Hände mit geradem, breitem Daumen und deutlich fadenartiger Herzlinie ohne Nebenlinien. Bild 12, Zeichen 2. Kleiner Venusberg, keine oder wenige Linien.

Hartköpfigkeit: Siehe Eigensinn.

Haß: Extrem großer Saturnberg bei eckigen und Spatelfingern.

Heftigkeit: Kräftiger, gerader, unbiegsamer Daumen, hoher Jupiterberg, verstärkt durch viele Haare auf Händen und Armen.

Hellsichtigkeit: Eine Insel am Anfang der Intuitionslinie. Bild 10, Figur 5.

Hellsinnigkeit: Klare Intuitionslinie, verstärkt durch gut gebildete Apollo- und Magenlinie.

Herrschsucht: Ein zu langer Jupiterfinger, der fast so lang ist wie der Saturnfinger, und ein kräftig ausgeprägter Daumen.

Herzensgüte: Siehe Gutherzigkeit.

Heuchelei: Eingefallener Merkurberg bei spitzen oder Spatelfingern.

Hilfsbereitschaft: Gut entwickelter oberer Teil des Venusberges.

Hysterie, Disposition zu: Einfach oder mehrmals zerrissener oder zersplitterter Venusgürtel. Bild 6, Zeichen 2. Stark ausgeprägter Mondberg mit vielen Querlinien oder Gittern. Bild 7, Zeichen 6.

Impulsivität: Gut ausgeprägter Venus-, Mars- und Jupiterberg, kräftiger Daumen bei konischen oder Spatelhänden; auch bei Händen mit kurzen Fingern und kurzen Nägeln zu finden.

Indolenz: Flacher Saturnberg bei eckigen Fingern.

Innenleben, starkes: Bei fast allen Menschen zu finden, die sehr viele Linien in den Händen haben, die Ereignislinien ausgenommen.

Inspiration, Neigung zu: Schmale, lange, ideale Hände mit spitzen Fingern, gute Apollo- und Intuitionslinie.

Intellekt, guter: Lange und gerade Kopflinie, die in den

Marsberg mündet, verstärkt vorhanden bei eckigen Fingern.

Intoleranz: In ihrer Mitte sich zuneigende Herz- und Kopflinie. Bild 10, Zeichen 1.

Intuition: Siehe Hellsinnigkeit.

Irreligiös: Kaum ausgebildeter Jupiter-, Saturn-, Apolloberg bei konischen oder Spatelhänden.

Jähzorn: Übermäßig breites erstes Daumenglied (Keulendaumen). Eine senkrechte kurze Linie, die zur Kopflinie führt. Bild 6, Zeichen 6.

Jugendlichkeit, lange: Zarte, feine Haut, lange Herzlinie mit zarten, feinen Ästchen am Anfang. Bild 9, Zeichen 8.

Kampfsinn: Kräftiger, gerader Daumen, gut ausgeprägter Venus-, Mars- und Merkurberg bei gemischten und Spatelhänden.

Kombinationsgabe: Normal großer Saturn- und Merkurberg bei eckigen und Spatelhänden.

Konservatismus: Normal großer Saturnberg bei Spatel- und besonders bei eckigen Händen. Alle eckigen Hände mit ganz seltenen Ausnahmen neigen stets zum Konservativen.

Konzentrationsfähigkeit: Normal großer Saturn- und Merkurberg bei eckigen, Spatel- und gemischten Fingern.

Kritik (positiv), bessere Erkenntnis: Normal großer Venus-, Apollo- und Merkurberg bei allen Handformen.

Kritizismus, zänkischer: Eine Kopflinie, die aus dem kleinen Marsberg kommt – bei eckigen Fingern – Bild 10, Zeichen 6. Bedeutungsvoller wird dieses Zeichen durch kurze Fingernägel. Bild 8, B.

Kummer (Gram und Sorge), Neigung zu: Eine Kopflinie, die ihren Verlauf im Mondberg hat. Je tiefer sie sich neigt, um so kummervoller sind die Gedanken.

Laschheit: Je weicher die Hand, um so lascher ist der Handeigner. Besonders verstärkt bei konischen und spitzen Händen.

Launenhaftigkeit: Mehrfach zerrissener Venusgürtel, starker Mondberg mit vielen Querlinien und großer Venusberg; auch bei übergroßem Mondberg und spitzen Fingern.

Lebensgenuß, Neigung zu: Siehe Genießer.

Lebenskampf: Beginn der Saturnlinie innerhalb des großen Dreiecks, oberhalb der Magen-, unterhalb der Kopflinie. Bild 12, Zeichen 7.

Lebenskraft: Diese ist zu tasten und zu fühlen an der Widerstandsfähigkeit und Festigkeit des Handtellers und des Marsberges. Sie ist ferner zu ersehen an den Raszettlinien, die zwei- bis dreifach klar und ungebrochen dargestellt sein sollten. Bild 12, Zeichen 8.

Lebensüberdruß, Neigung zu: Querlinien auf den ersten Fingergliedern von Daumen und Saturnfinger. Außerdem eine bogenartig abwärts laufende Linie, die von der Lebenslinie zum Mondberg führt. Bild 5, Zeichen 9.

Leidenschaftlichkeit: Großer, voller Venusberg mit vielen zarten Linien, bei konischen, spitzen und gemischten Händen. Feine kurze Haare auf den Händen machen es noch deutlicher.

Logik: Eine gut gezeichnete Kopflinie, die zum Marsberg führt, gesteigert durch Knoten in den Fingern.

Lügenhaftigkeit, Neigung zu: Übergroßer Merkurberg, Querlinien auf den Merkurfingergliedern. Bild 4, Zeichen 2, 20.

Magnetismus: Kräftiger, voller Venus- und Mondberg bei fleischiger Hand. Gut gezeichnete Saturnlinie, die im Mondberg ansetzt. Viele kleine senkrechte Linien auf den zweiten und dritten Fingergliedern. Bild 5 und 6.

Mantik, Begabung für: Ein Dreieck auf dem Mondberg. Bild 4, Zeichen 7. Ein Dreieck auf dem Saturnberg. Bild 4, Zeichen 6. Intuitionslinie und Saturnlinie, die aus dem Mondberg kommen.

Materialismus: Kräftige, breite Hände mit gemischten, eckigen oder Spatelfingern. Auch lange, konische Hände, die unten auffallend breit sind, mit einer Kopflinie, die in den Marsberg führt.

Mathematikbegabung: Eine klare, unzerrissene, lange Magenlinie, die am unteren Viertel der Lebenslinie beginnt und bis in den Merkurberg verläuft. Bild 12, Zeichen 9.

Medialität, positiv: Gutgeprägter Mond- und Jupiterberg, Intuitionslinie; auch eine Saturnlinie, die im Mondberg ihren Anfang hat und im gesamten Verlauf gut gezeichnet ist. Bild 6, Zeichen 4.

Medialität, negativ: (Zeichen, die das Ausüben der Medialität verbieten): gespaltene Kopflinie; Inseln in der Kopflinie; zerrissener Venusgürtel; Kopflinie, die tief in den Mondberg verläuft, zersplitterte Apollolinie; Gitterlinien auf Apollo-, Merkur- oder Mondberg; farbige Flecke oder Punkte in der Intuitionslinie oder Kopflinie.

Melancholie: Eine Kopflinie, die tief in den Mondberg reicht, extrem großer Saturnberg bei konischen und spitzen Fingern.

Methodik, Neigung zu: Normal gewölbter Saturn- und Merkurberg bei eckigen, Spatel- und gemischten Fingern.

Mißerfolg, Zeichen für: Von der Lebenslinie abwärts verlaufende Linien.

Mut: Gutgeprägter Marsberg bei Spatel- oder gemischten Händen.

Nachgiebigkeit, Neigung zu: Rückwärts gebogener Daumen, Steigerung durch rückwärts gebogene Fingerspitzen. Je weicher die Hände sind, um so nachgiebiger ist der Betreffende.

Naturliebe, Neigung zu: Konischer oder spitzer Jupiterfinger. Eine Kopflinie, die im mittleren Mondberg endet.

Nervosität, allgemeine: Viele sehr zarte, feine, zum Teil auch zerrissene Linien in den Händen.

Nervosität, organische – Herz – funktionelle: Fehlende Nagelmonde, Herzlinie zart verästelt unterhalb des Merkurberges. Bild 6, Zeichen 11.

Neugierde: Nach außen gebogene Fingerspitzen, normal großer Mond- und Merkurberg.

Niedrigkeit: Mangelhafter Jupiter- oder Merkurberg bei allen Fingerformen.

Oberflächlichkeit: Mangelhaft gewölbter Saturn- oder Apolloberg, auch mangelhaft geprägter Mond- oder Venusberg bei allen Fingerformen.

Offenheit, zu große: Eine Kopflinie, die am Anfang zu weit von der Lebenslinie getrennt ist. Bild 5, Zeichen 15.

Offenheit, zu wenig: Eine Kopflinie, die am Anfang zu lang mit der Lebenslinie verbunden ist.

Optimismus: Konische Finger, normal gewölbter oder großer Apollo- oder Venusberg. Spatelfinger und normal großer Merkur- und Marsberg.

Ordnungsliebe: Normal großer Saturnberg bei eckigen und Spatelfingern. Alle eckigen Hände, sofern sie nicht zu weich sind, zeigen Ordnungsliebe an.

Organisationstalent: Eckiger Merkurfinger, erhält größere Bedeutung durch gut gezeichnete Magenlinie, die in den Merkurberg reicht, und Kopflinie, die im Marsberg endet.

Pedanterie: Eckige Finger, Daumen mit Knotenbildung und eine Kopflinie, die zum Marsberg führt. Knotenbildung verstärkt immer die Nachdenklichkeit.

Pessimismus: Eckige oder Spatelfinger, großer Saturn-
und Mondberg, mehr beeinträchtigend, wenn die
Kopflinie in den Mondberg verläuft.

Pflichttreue: Besonders ausgeprägt bei allen eckigen
Händen fester Konsistenz mit normal gewölbtem
Jupiter- oder Saturnberg.

Philosophie, Sinn für: Knotiger Handtyp. Im weiteren
gemischte Hände mit gutem Jupiter-, Saturn- und
Apolloberg und eine Schicksalslinie, die vom Mondberg aufsteigt. Das betrifft die geistige, lebenswahre
Philosophie. Für die rein intellektuelle Philosophie
kommen eckige Hände mit teilweise knotigen Fingern und eine Kopflinie, die zum Marsberg führt, in
Betracht.

Phlegma: Großer, voller Mondberg bei fülligen, weichen,
fleischigen Händen. Alle dritten (unteren) Fingerglieder sind dicker, molliger als die oberen.

Plastik, Sinn für: Spatelförmige Apollofinger, normal
großer Merkur- und Venusberg.

Poesie: Normal großer Mondberg bei eckigen, gemischten oder Spatelfingern.

Polemik: Eine gute, gerade Kopflinie, die von Rand zu
Rand in den Marsberg verläuft. Bild 6, Zeichen 1–1.

Politik, Neigung zu: Normal großer Jupiterberg mit
einem Dreieck.

Pomp, Neigung zu: Extrem großer Jupiterberg, doppelte
Lebenslinie, großer Mondberg, normal großer
Venusberg.

Protektion: Normal gewölbter Jupiterberg, frei von
Querlinien. Eine aus der Lebenslinie aufsteigende
Linie, die in den Jupiterberg führt.

Prozesse: Kleine Kreuze, die außen an der Lebenslinie
anliegen (es können auch kleine Sterne sein).

Psychometrie: Lange Intuitionslinie, normal großer
Mondberg, feine konische Fingerspitzen mit kleinen
Ballen, zarte Hautbeschaffenheit, vom Mondberg

kommende Saturnlinie, außerdem die ideale Handform mit langem, spitzem ersten Fingerglied.

Raffiniertheit, Neigung zu: Extrem großer Merkurberg,
Querlinien an den Gliedern des Merkurfingers, Stern
auf Merkurberg bekräftigt. Bild 9, Zeichen 4.

Rastlosigkeit, nervöse: Normal geformter Merkur-,
Mond- und Venusberg bei spitzen Fingern. Dachzie-
gelförmig gelagerte kurze Linien auf den zweiten und
dritten Fingergliedern.

Rastlosigkeit, durch Strebsamkeit: Normal großer
Jupiter-, Mars- und Venusberg, guter Merkurberg bei
konischen, gemischten oder Spatelfingern.

Reisen, sich erweitern durch: Aus der Lebenslinie nach
dem Mondberg hinstrebende, gerade oder etwas ge-
schwungene Linie. Bild 9, Zeichen 5. *Neigung* zu
Reisen ist angedeutet durch großen Mondberg und
eine Schicksalslinie, die aus dem Mondberg aufsteigt.

Reklamesinn: Gut gewölbter Merkur-, Mond- und
Venusberg, Kopflinie verläuft in den oberen Teil des
Mondberges, Intuitionslinie, ausgeprägter Marsberg
am Handrand. Bild 9, Zeichen 6.

Religion, Gottverbundenheit: Normal großer Jupiter-
und Apolloberg bei spitzen, konischen oder gemischten Fingern. Ein Dreieck auf dem Apollo- oder
Mondberg weist mit darauf hin.

Respektlosigkeit: Unausgebildeter Jupiter- oder Apolloberg bei allen Handformen, besonders aber bei
konischen Fingern.

Rhythmus, Sinn für: Gut ausgeprägter Venus- und
Mondberg.

Routine: Extrem großer Merkurberg bei eckigen, Spatel-
und gemischten Fingern, verstärkt durch Dreieck auf
dem Merkurberg (Gedankenebene) oder Mondberg
(Empfindungsebene).

Ruhmsucht: Extrem großer Jupiter- und Apolloberg bei
allen Fingerformen.

Rücksichtslosigkeit: Unausgebildeter Jupiterberg und extrem großer Marsberg (oder auch extrem großer »Kleiner Marsberg«, ein Teil des oberen Venusberges) bei allen Handformen.

Schlauheit: Extrem großer Merkurberg bei allen Fingerformen, verstärkt durch gut gebildeten Marsberg.

Schreckhaftigkeit: Unausgebildeter »Kleiner Marsberg« (oberer Teil des Venusberges).

Schutzzeichen: Sind Quadrate, die ungünstige Zeichen oder auch gebrochene Linien berühren oder sie umgrenzen. Bild 6, Zeichen 8.

Schwärmerei: Normaler Apollo- und Venusberg bei spitzen Fingern.

Schwelger: Siehe Genießer.

Schwermut: Extrem großer Saturnberg bei spitzen oder konischen Fingern. Kopflinie reicht bis in den unteren Mondberg. Bild 9, Zeichen 1.

Selbstbewußtsein: Normal gebildeter Jupiterberg, gerader, wenig gebogener Daumen, langer Jupiterfinger.

Selbstbewußtsein, negativ (ichbezogen): Extrem großer Jupiter- oder Apolloberg.

Selbstmord, Neigung zu: Eine hakenartige Kopflinie, die tief in den unteren Mondberg reicht. Bild 11, Zeichen 1. Eine Bogenlinie, die aus der Lebenslinie kommt und in den Mondberg verläuft. Bild 5, Zeichen 9. Diese Neigung wird verstärkt durch waagerechte Linien auf dem ersten Daumen- und dem ersten Saturnfingerglied. Bild 5, Zeichen 11, 12, sowie durch eine lange Herzlinie, die zusammen mit Kopf- und Lebenslinie endet. Bild 11. Zeichen 2.

Selbstquälerei: Ein extrem großer »Kleiner Marsberg« (oberer Teil des Venusberges) bei spitzen und eckigen Fingern.

Sinnlichkeit: Extrem großer Venusberg bei allen Handformen.

Somnambulismus: Siehe Medialität.

Spekulation: Großer Merkurberg, unausgebildeter Apolloberg.

Spiritualität: Bei sehr vielen Linien in den Händen, soweit es sich um geistig bewußte Menschen handelt.

Sprachtalent: Magenlinie, die über die Herzlinie bis weit in den Merkurberg reicht. Bild 10, Zeichen 8.

Standhaftigkeit: Gut ausgeprägter »Kleiner Marsberg« bei allen, außer spitzen Fingern.

Starrsinn: Gut entwickelter, gerader, unbiegsamer Daumen mit breitem ersten Glied und vortretendem Gelenkknoten, besonders bei eckigen, Spatel- und gemischten Händen.

Stolz (Würde): Normal geformter Jupiterberg bei konischen Fingern.

Stolz, übertriebener: Normal gebildeter Jupiterberg bei eckigen Fingern.

Stolz, dummstolz: Extrem großer Jupiterberg bei eckigen Fingern.

Stolz (Mangel an Stolz, Mangel an Selbstachtung): Wenig ausgebildeter Jupiterberg bei eckigen Fingern.

Strategie: Gemischte oder Spatelhände, gut geprägte Kopflinie, die im Marsberg oder im oberen Teil des Mondberges endet; guter, normal geformter Merkur- und Saturnberg. Ein Dreieck auf dem Marsberg. Bild 11, Zeichen 8.

Strebsamkeit: Normal geprägter Jupiterberg, mittelgroßer Saturnberg, verstärkte Bedeutung durch Kopflinie, die im Jupiterberg beginnt. Bild 5, Zeichen 15.

Streit, Neigung zu: Kurze Fingernägel, lange gerade Kopflinie, die zum Marsberg führt, unbiegsamer Daumen.

Taktempfinden: Zarte, feine Hautbeschaffenheit, vorspringendes zweites Daumengelenk, klare lange Herzlinie.

Tatendrang: Gut gewölbter Merkurberg bei eckigen und Spatelfingern. Alle Spatelhände haben Tatendrang und Unternehmungslust, wenn die Hände nicht weich sind.

Telepathie, Veranlagung zu: Ein Dreieck, das durch eine am Ende gespaltene Kopflinie und der Magenlinie gebildet wird. Bild 5, Zeichen 13.

Telepathie, verstärkt: Durch Saturnlinie, die aus dem Mondberg kommt = Intuition.

Temperament: Großer Venusberg, zarte, leicht behaarte Haut. Gute, mit zarten kleinen Ästchen versehene Herzlinie. Eckige Finger deuten auf Mangel an Temperament in der Sexualbeziehung hin.

Tobsucht: Siehe Jähzorn.

Träumerei: Normal großer Apollo- und Mondberg bei konischen Fingern.

Triebleben: Siehe Sinnlichkeit.

Überheblichkeit: Extrem großer Jupiter- und Apolloberg, verstärkt durch extrem großen Mondberg, besonders bei konischen Fingern.

Übertreibung, krankhafte Phantasie: Großer oder extrem großer Mondberg mit Gitterlinien oder Sternen, stärker noch durch besonders großen Apolloberg. Bild 11, Zeichen 10.

Unabhängigkeitsliebe: Weit abstehende Daumenhaltung (rechter Winkel), besonders bei Spatelhänden und gemischten Fingern.

Unbeständigkeit: Ausgeprägter Venus- und Mondberg bei konischen und spitzen Fingern.

Unentschlossenheit: Eine im Anfang mit der Lebenslinie zu lang (3 cm) verbundene Kopflinie; besonders verstärkt bei eckigen Fingern.

Unfall (Körperverletzung), Neigung zu: Stern auf dem Saturnberg, eine Querlinie auf dem unteren Teil des mittleren Saturnfingergliedes. Bild 5, Zeichen 20, 21; verstärkt durch Stern auf Marsberg.

Ungeduld: Alle Besitzer konischer und spitzer Hände sind ungeduldig. Größer noch durch einen sehr erhabenen Venusberg und kurze Nägel.

Unternehmungslust: Siehe Tatendrang.

Veränderung (im Beruf oder Lebensweg): Brüche oder versetzte Teile der Saturnlinie. Bild 9, Zeichen 10.

Veranlagung: Siehe Berufseignung.

Verbrühen und Verbrennen durch Unfall: Viele kleine Kreuze im Handtisch. Tafel 4, Zeichen 11; verstärkte Tendenz durch Stern auf Marsberg oder Kometenschweif auf dem Saturnberg. Bild 7, Zeichen 8.

Verliebtheit (Herzensjugend): Kleine rückwärts verlaufende Astlinien am Anfang der Herzlinie. Bild 9, Zeichen 8.

Verschlagenheit: Extrem großer Merkurberg bei eckigen, auch Spatelfingern oder gemischten Fingerformen.

Verschlossenheit: Eine am Anfang mit der Lebenslinie zu lang verbundene Kopflinie. Die Finger mehr nach innen als nach außen gekrümmt.

Verschwendung, Neigung zu: Weiche Hand mit vollen, fleischigen Bergen, zarter Hautbeschaffenheit, konischen oder spitzen Fingern. Daumen und Fingerspitzen nach außen gebogen.

Verstellung: Extrem großer Merkurberg bei allen Fingerformen, besonders bei wenig geprägtem Mondberg.

Verwirklichungskraft: Gemischte oder Spatelhände, starker und gerader Daumen, normal geformte Handberge, gut entwickelter Venusberg.

Vibrationsfähigkeit (der Seele): Je größer die Anzahl der Linien in den Händen, um so stärker ist die Empfindungsfähigkeit. Besonders bei konischen oder spitzen Fingern.

Vielseitigkeit: Bei allen Spatel-, mehr noch bei gemischten Händen.

Vorsichtigkeit: Vorwiegend bei eckigen Fingern, noch betonter durch einen normalen oder gut gewölbten Saturnberg.

Wagemut: Ausgeprägter Marsberg bei eckigen, gemischten und Spatelfingern.

Wahnideen: Eine Kopflinie, die sich tief in den Mondberg neigt. Bild 9, Zeichen 1, außerdem extrem großer Mondberg bei spitzen, konischen Fingern.

Wahrträume: Eine klare (ohne zusätzliche Zeichen) lange Saturnlinie, die im unteren Mondberg ansetzt. Bild 6, Zeichen 4.

Warmherzigkeit: Normal gewölbter Venusberg, kleine Ästchen (wie Tannennadeln) in der Herzlinie.

Wechsel im Beruf: Siehe unter Veränderung.

Weichheit (des Gemütes): Großer Venus-, Mond- und Jupiterberg.

Widerstandskraft (des Körpers): Diese stellt man fest durch kräftiges Abtasten der Innen- und Außenhand, indem man die Finger in die Innenhand und den Daumen auf die Oberhand von der Handwurzel über die Handmitte – Marsebene – bis in die Fingerspitzen führt. Je nachdem, wie weich oder wie fest die Hand ist, so ist auch die Widerstandskraft des Körpers.

Wohlwollen: Normal geformter Venus- und Jupiterberg.

Zank: Siehe Streit.

Zartgefühl: Zarte Hauttextur, feine Ballen auf der Mitte der Fingerspitzen. Eine Kopflinie, die sich nach dem Mondberg neigt.

Zerrissenheit, seelische: Übermäßig viele unausgeprägte kleine wirre Linien, verstärkt durch zerrissene Neptunlinien (Medizinalgifte). Bild 7, Zeichen 9.

Zerstörung: Extrem großer Marsberg, verstärkt durch extrem großen Saturnberg.

Zorn: Siehe Jähzorn.

Zurückgezogenheit (Einsamkeitsliebe): Gutgeformter Saturnberg bei eckigen Fingern.

Zurückgezogenheit (übermäßig): Unausgeprägter Saturnberg bei eckigen oder Spatelfingern.

Zuverlässigkeit: Siehe Gewissenhaftigkeit.

Vierter Teil

Merkmale für die verschiedenen Berufe

Apotheker, Pharmazeut, Drogist
Handform: eher lange als kurze Hände (Einsicht und
  Weitblick für die beruflichen Erfordernisse)
Handtyp: Spatel- oder gemischte Form (praktisches Um-
  setzungsvermögen)
Handberge: großer Mondberg (wirkt begünstigend auf
  den Umgang mit Flüssigkeiten)
  großer Merkurberg (Geschäftssinn)
Linien: gut gezeichnete Magenlinie (Nervenkraft, Aus-
  dauer)
  Intuitionslinie (Fingerspitzengefühl)
  Längslinien im zweiten und dritten Fingerglied des
  Merkurfingers (redegewandt und kontaktfreudig)

Architekt
Handtyp: spatel (praktisch, umsichtig)
  spatel/konisch gemischt (künstlerische Gestaltung)
  spatel/eckig gemischt (konstruktiv, präzise)
Finger: spatel (Sinn für Plastik, Gestaltungsfähigkeit)
Handberge: gut gewölbter Venusberg (Sinn für Schönheit,
  Harmonie und Ästhetik)
  gut gewölbter Mondberg (Kreativität und Phantasie)
  gut gewölbter Merkurberg (Planung)
Daumen: eckiges zweites Daumengelenk (mathematische
  Begabung)
Linien: längere Sonnenlinie (Kunstsinn)
  gute lange Kopflinie (vertieftes Denkvermögen)
  kräftige Magenlinie (Zähigkeit)

Artist (Varietékünstler)
Handform: spatel/konisch gemischt (Vielseitigkeit)
Finger: gerade Finger mit Spateleinschlag (gute Konstitution, leistungsfähig in seinen Darbietungen)
Linien: klar gezeichnete Schicksalslinie (einsatzbereit aus Überzeugung)

Arzt (Internist)
Handtyp: spatel/konisch gemischt (vielseitige und praktische Fähigkeiten, empfindungsfähig)
Handberge: normal gewölbter Venusberg (Regenerationsfähigkeit)
normal gewölbter Mondberg (idealistisch und lebensbejahend)
mehrere kleine Längslinien im Merkurberg (günstig für Gedankenaustausch und Diagnosestellung)
Linien: lange oder doppelte Magenlinie (notwendige Zähigkeit und Durchhaltevermögen)
zum Mondberg geneigte Kopflinie (gute Vorstellungsgabe und Veranschaulichungstalent)
deutlich gezeichnete Sonnenlinie (Aufgeschlossenheit)
Intuitionslinie (Erkenntnisfähigkeit)
Haut: zart (sensibel)

Arzt (Chirurg)
Handform: mittelgroße, eher breite Hände (gezielt praktisch)
Handtyp: spatel/eckig gemischt (Handfertigkeit, präzise, systematisch)
Finger: spatel (Handfertigkeit)
Handberge: gewölbter Marsberg (wagemutig)
gewölbter Mondberg (findig)
Linien: Kopflinie zum oberen Mondberg verlaufend (Vorstellungskraft)
Intuitionslinie (schnelle Entscheidungsfähigkeit)

Längslinien auf dem zweiten und dritten Fingerglied
des Merkurfingers (Nervenkraft)
Haut: zart (aufgeschlossen)
feine Hauttextur bei konischer Handtellerbasis mit
gemischten Fingerformen (mitempfindend)

Astrologe

Handtyp: knotig (Verständnis für innere und äußere Le-
bensbereiche)
Linien: lange, in den Mondberg reichende Kopflinie (Vorstellungsvermögen)
gut geprägte lange Magenlinie, die mindestens bis in
die Herzlinie läuft (nervlich widerstandsfähig)
deutliche Uranus- beziehungsweise Intuitionslinie,
die entweder freisteht, mit der Magenlinie oder auch
mit der Schicksalslinie (innere Klarheit) verbunden
sein kann

Astronom

Handtyp: eckig (rein wissenschaftliches Denken)
eckig/knotig gemischt (geistige Aufgeschlossenheit)
Handberge: gut geprägter Merkurberg (gedanklich rege)
gut geprägter Saturnberg (konzentriert und geduldig)
Linien: lange Kopflinie (zielgerichtete Gedankenkräfte)
lange Magenlinie, die in den Merkurberg reicht (gutes
Durchführungsvermögen durch stabile Nerven)

Bäcker, Konditor

Handform: mittelgroße bis große konische Hand- und
Fingerform (Genießer, Geschmacksinn, künstlerische
Begabung)
elastische Handmuskulatur (physische und psychische
Kraft zur Durchführung seines Berufes)
Linien: Hauptlinien gut durchgezeichnet (steht zu seinen
Aufgaben, ist zuverlässig)
Schicksalslinie (verstärkt das Pflichtbewußtsein)

Bahnbeamter (Innendienst)
Handtyp: eckig (sachliche Einstellung)
Handberge: gut gewölbter Saturnberg (begünstigt eine
Tätigkeit, die mit Erde und Eisen in Verbindung
steht)
gut gewölbter Merkurberg (Übersicht)
gut gewölbter Mondberg (günstig für Planung, Reise
und Verkehr)
Linien: Kopflinie, die in den Marsberg reicht (strategi-
sches Planen)

Bahnbeamter (Außendienst),
Lokomotivführer, Eisenbahner
Handform: spatel/konisch gemischt (größere Vielseitigkeit
im praktischen Bereich)
kräftige Hände (widerstandsfähig)
Handtyp: spatel (Stabilität, Beobachtungsgabe)
Handberge: gut gewölbter Venusberg (verstärkte Lebens-
reserven)
gut gewölbter Mondberg (Bewegungsfreude)

Bankbeamter (Banker)
Handform: mittelgroß, schmal (aufgeschlossen)
Handtyp: eckig (sachbezogen)
Handberge: gut geprägter Saturnberg (zuverlässig)
gut geprägter Merkurberg (günstig für Handels- und
Börsengeschäfte)
Linien: Kopflinie zum Marsberg verlaufend (behauptet
seine Position)
Kopflinie zum oberen Mondberg verlaufend (anpas-
sungsfähig)

Bankier
Handform: mehr schmal als breit, kräftig (materiell, sensibel)
Handtyp: konisch/spatel gemischt (umgänglich, entgegenkommend, kaufmännische Begabung)

Handberge: gut entwickelter Merkurberg (redegewandt)
  gut entwickelter Mondberg (Vorstellungsvermögen,
  kann sich gut in die verschiedenen Situationen hineinversetzen)
Linien: lange, klare Kopflinie (sicheres, persönlichkeitsbe-
  wußtes Denken)
  lange, klar durchgezogene Saturnlinie (Selbstbehauptung, Überzeugungsfähigkeit)
  Uranuslinie (intuitives Erfassen)

Beamter (Innendienst)
Handform: mehr schmal als breit (Kontaktbereitschaft)
Handtyp: eckig (Sinn für theoretisches Denken)
  spatel/eckig gemischt (wirklichkeitsbezogen und vielseitig)
Daumen: leicht biegsam (anpassungswillig, auf den Beruf
  bezogen)
Handberge: gut gewölbter Venusberg (Lebensenergie)
  gut gewölbter Jupiterberg (Würde)
  gut gewölbter Saturnberg (Konzentration, Ernsthaftigkeit)
  gut gewölbter Merkurberg (Tatendrang)
Linien: lange klare Herzlinie (Entgegenkommen)
  lange klare Kopflinie (gute Gedankenkraft)
  von oberhalb der Raszettenmitte aufsteigende gerade
  Saturnlinie (Standfestigkeit, persönlich sicheres Auftreten)

Beamter (Außendienst)
Handtyp: spatel/konisch gemischt (vielseitig im Denken
  und Handeln)
  spatel (materielle Gestaltungskraft, Bewegungsfreude)
Handberge: gut gewölbter Venusberg (Widerstandsfähigkeit)
  gut gewölbter Jupiterberg (Selbstachtung)
  gut gewölbter Saturnberg (Ausdauer)
  gut gewölbter Merkurberg (redegewandt)

Linien: klar gezeichnete Kopflinie (Kraft der Überzeugung)
klar gezeichnete Herzlinie (Wohlwollen)
Saturnlinie, Beginn im Mondberg (Impulse aus der
Umwelt werden aufgegriffen und verwertet)

Bibliothekar
Handtyp: eckig (wissenschaftlich systematisches Denkvermögen)
konisch/knotig gemischt (schöngeistige Einstellung)
Handberge: ausgeprägter Merkurberg (Voraussetzung für
literarische Betätigung)
ausgeprägter Saturnberg (Konzentration und Ordnungssinn)
leicht gewölbter Mondberg (Erlebnisbereitschaft)
Linien: lange klare Kopflinie (ausdauerndes Denkvermögen)
lange klare Magenlinie (widerstandsfähige Nerven)

Bildhauer
Handform: groß, kräftig (formprägende Ausdruckskraft)
Handtyp: spatel (Handfertigkeit Lebenskünstler)
Finger: spatel (künstlerisch, praktische Geschicklichkeit)
Handberge: gut gewölbt (Lebensfreude, Genuß, Schönheitssinn)
gut gewölbter Venusberg (Kunstsinn)
gut gewölbter Mondberg (Kreativität)
Linien: Saturnlinie, Beginn im Mondberg (Kreativität
durch äußere Impulse)
lange Sonnenlinie (Schönheitssinn, Voraussetzung für
Erfolg als Künstler)
lange Kopflinie, die im Mondberg endet (schöpferische Fähigkeiten)
gute Intuitionslinie (schöpferische Fähigkeiten werden intensiviert)

Brauer
Handtyp: konisch (Empfindung und Genuß)
Finger: konisch/spatel gemischt (guter Geschmacksinn als
   Voraussetzung für die praktische Anwendung)
Handberge: gut gewölbt (Lebens- und Genußfreude)
Linien: Kopflinie: Länge bis mindestens in eine gedachte
   senkrechte Linie zwischen Apollo- und Merkurfinger
   (der Abschnitt der Kopflinie unterhalb des Apollofin-
   gers steht mit feinen Geschmacksnerven in Verbin-
   dung)
   Herzlinie klar und ungebrochen (guter Kreislauf, Aus-
   dauer)

Buchbinder
Handtyp: spatel (Handfertigkeit)
Finger: konisch/spatel (Schönheitssinn mit praktischem
   Umsetzungsvermögen)

Buchdrucker, Steindrucker
Handform: große Hände (der Materie verbunden durch
   praktischen Sinn)
   bei knotigem Einschlag (Ordnungssinn)
Handtyp: spatel (praktische Talente)
Finger: spatel/konisch gemischt (vielseitig im Denken und
   Handeln)
Handberge: gut gewölbter Mondberg (Einfühlungsvermögen)
   gut gewölbter Venusberg (Farbensinn)
   ausgeprägter Merkurberg (Sachverständnis für Wort
   und Schrift)
Linien: Kopflinie, die in den oberen Mondberg reicht
   (schöpferische Denkfähigkeit)
   klare Saturnlinie (ausdauernd und zuverlässig)

Buchhalter
Handtyp: eckig (theoretischer Sachverstand, Genauigkeit,
   Ordnungsliebe, Sinn für Zahlen)

Finger: eckig (sachlich, skeptisch, korrekt)

Daumen: vorspringendes, eckiges zweites Daumengelenk
(mathematischer Sinn)

langer Daumen, leicht biegsames erstes Daumenglied
(Durchsetzungsvermögen und findig)

Handberge: stark gewölbter Merkurberg (routiniert, sicher und überzeugt)

stark gewölbter Mondberg (Instinkt)

Linien: lange Kopflinie, die im Marsberg endet (Mut und
Durchsetzungsvermögen)

gut gezeichnete Herzlinie (Übersicht und Vernunft)

gut geprägte Saturnlinie (solide, stabil und konzentriert)

Buchhändler

Handform: lang und schmal (geistige Interessen)

Handtyp: ideal/knotig gemischt (eigene geistig ausgerich-
tete Vorstellungswelt)

ideal/eckig gemischt (materiell sichtbare Kreativität)

Finger: konisch/ideal gemischt mit Knoten (geistige
Strebsamkeit, Organisationstalent, theoretisch und
praktisch)

eckige Fingerspitzen (sachbezogenes Denken)

Handberge: ausgeprägter Venusberg (Lebensenergie)

ausgeprägter Mondberg (Phantasie)

ausgeprägter Merkurberg (redegewandt)

Linien: Kopflinie, die im Mondberg endet (Gabe des
Veranschaulichens)

Saturnlinie, die im Mondberg beginnt (Einfallsreichtum durch äußere Einflüsse)

lange Sonnenlinie (Kunstsinn)

Intuitionslinie (originelle Einfälle)

Charakterologe

Handtyp: alle Typen außer der eckigen Form, besonders geeignet die gemischte Handform (Synthese und Analyse – Theorie und Praxis als Voraussetzung zum Nachvollziehen in der Verhaltensforschung)

Finger: konisch/spatel gemischt (leichte Anknüpfung an Formalem, Weiterführung durch schnelles Erfassen von Ausdruck und Inhalt, Realisierung durch Verständnis)

konisch/knotig (Gestaltung mit den Bildekräften der Seele)

Daumen: kräftig, Fingerspitze nach außen gebogen (gefestigte Persönlichkeit, Einfühlungsvermögen)

Handberge: gut gewölbter Venusberg (Vitalität, widerstandsfähige Konstitution)

gut gewölbter Mondberg (schöpferische Vorstellungsfähigkeit im Nachvollziehen, reale Wiedergabe)

gut gewölbter Merkurberg (leichtes Erfassungsvermögen, Aufnahme und gute Wiedergabe der Denkinhalte)

gut gewölbter Jupiterberg (Wohlwollen, Güte, Selbstsicherheit)

Linien: Kopflinie, die im mittleren Mondberg endet (soziale Einstellung, dem Lebendigen zugewandt)

Saturnlinie ungebrochen, Anfang im Mondberg (Fähigkeit, sich in das Dargestellte und die Verhaltensweise gut hineinversetzen zu können; Reaktion: gleichnishaftes Erfassen)

Intuitionslinie (schnelles Erfassen geistigseelischer Zusammenhänge)

alle Linien sollten klar gezeichnet, weder blaß noch grau, bräunlich, gelblich oder übermäßig rot sein (ausgewogene gesundheitliche Verfassung)

Dreieck auf dem Mondberg (wissenschaftliche Methodik auch in der Fantasie)

Chemiker

Handtyp: eckig (methodisch, gewissenhaft, zielstrebig)
eckig/konisch gemischt (beweglich, vielseitiger)
eckig/spatel gemischt (pragmatische Studien, praktizierend)
eckig/knotig gemischt (Verantwortungsbewußtsein)
Finger: eckig, schmal und lang (präzises Denken, systematisch)
spatel (praktisch, erfinderisch)
Linien: lange Herzlinie (geduldig, ausdauernd)
lange Magenlinie (stabile Nervenkraft)
doppelte Magenlinie (zäh und gelassen)
Handberge: gut geprägter Merkurberg (treffsicheres Denkvermögen)
gut geprägter Saturnberg (Konzentrationsfähigkeit, Ausdauer)
gut geprägter Mondberg (materielle Zielstrebigkeit)
Intuitionslinie: (findet Unterstützung in wissenschaftlicher Forschung)

Chronist, Archivar

Handtyp: eckig (Methode, System, Ordnung)
Handberge: ausgeprägter Merkurberg (Umsicht, Routine)
ausgeprägter Saturnberg (Konzentration, Gewissenhaftigkeit)
leicht gewölbter Mondberg (Gemütsruhe)
Linien: Kopflinie, Ende im Marsberg (materielles, reales Denkprinzip)
Kopflinie, Ende im oberen Mondberg (ideal-reales Denkprinzip kombiniert)
klare ungebrochene Magenlinie (gute Beschaffenheit der Nerven, Zähigkeit)
Saturnlinie, die im Mondberg beginnt (Koordinationsgabe im Mitwirken)
Intuitionslinie (Unterscheidungsfähigkeit)

Dachdecker
Handform: große, breite, kräftige Hände (Befähigung,
   sich in der Regelmäßigkeit kraftvoll zu bewähren)
Handtyp: spatel (Fleiß, Selbstvertrauen)
   spatel/konisch gemischt (praktisch, vielseitig)
Handberge: ausgebildeter Venusberg (Lebenskraft)
   ausgebildeter Mondberg (Gemütsruhe)
   ausgebildeter Merkurberg (Umsicht)
   ausgebildeter Marsberg (Mut, Zielsicherheit)
Linien: Herzlinie, lang und klar gezeichnet (guter Kreislauf, Herzstärke)
   Kopflinie, die mit der Lebenslinie normal verbunden
   ist und in den Marsberg oder in den oberen Mondberg reicht (schwindelfrei)
   Magenlinie doppelt (stabile Nerven)

Dekorateur
Handform: feste, gute Konstitution (praktische Gestal-
   tung)
Handtyp: konisch (Schönheitsempfinden)
Fingerform: konisch, Fingerspitzen spatel (feinsinnig,
   Gestaltungsgabe)
Hautbeschaffenheit: zart (Durchlässigkeit)
Handberge: gut gewölbter Mondberg (Fantasie)
   gut gewölbter Venusberg (Gestaltungskraft)
   gut gewölbter Merkurberg (Erfassen des Machbaren)
Linien: aus dem Mondberg aufsteigende klare Saturnlinie
   (äußere Impulse aktivieren)
   Intuitionslinie (inspirativ)

Destillateur
Handtyp: konisch (Geschmacksinn)
   konisch/spatel gemischt (Ausführung nach Gespür)
Handberge: füllig (Lebensfreude, Sinnenhaftigkeit, Genuß)
   stark gewölbter Mondberg (das flüssige Prinzip)

Fingerkuppen: kleine Erhebungen = Ballen (Qualitätssinn)
Neptunlinie sehr ungünstig – schädliche Einflüsse,
Gifte (beeinträchtigen den Geschmacksinn)

Diener, Hausdiener, Hoteldiener, Amtsdiener
Handform: schmal (innere Aufgeschlossenheit, vielschich-
tig)
Handtyp: eckig (gewissenhaft, pflichttreu)
eckig/spatel gemischt : (beweglich, zäh)
eckig/knotig gemischt (ordnungsliebend, gründlich,
vernünftig)
Daumen: normal lang, leicht biegsam (höflich, anpassend)
Handberge: gut gewölbter Venusberg (harmonisch)
gut gewölbter Jupiterberg (strebsam, erfolgreich)
gut gewölbter Saturnberg (gewissenhaft, vorsichtig)
gut gewölbter Merkurberg (umsichtig, einsichtig)
Linien: klare, normal lange Herzlinie (aufrichtig, anständig)
klare, normal lange Kopflinie, begrenzt vom oberen
Mondberg (praktisches Denkvermögen)
aus dem Handgelenk aufsteigende Saturnlinie (selbständig)

Diplomat
Handform: lang und schmal (geistig regsam)
Handtyp: eckig/knotig gemischt (vielseitig)
eckig/konisch gemischt (diszipliniert, gesellig)
Fingerform: konisch (lebensoffen)
spatel (beweglich, selbstvertrauend)
knotig (sehr günstig, logisches Erwägen)
Handberge: gut gewölbter Venusberg (widerstandsfähig)
gut gewölbter Merkurberg (urteilsfähig, beredsam)
gut gewölbter Mondberg (kann sich den Erfordernis-
sen anpassen)
Linien: gut geprägte Herzlinie (gute Umgangsformen)
gut geprägte Saturnlinie (Kraft des Standhaltens

innerhalb der verschiedenen Lebenssituationen)
gut geprägte Sonnenlinie (erfolgreich)
klare Kopflinie, die in den Mondberg mündet (beseeltes Denken)
Zeichen (Symbole): Dreieck auf dem Jupiterberg (diplomatisch und politisch befähigt)
Dreieck auf dem Merkurberg (begünstigt Politik, innere Ruhe)
Dreieck auf dem Mondberg (methodisches Verhalten in ungewöhnlichen Einflußbereichen)

Dompteur

Handtyp: spatel (energisch, aktiv)
konisch/knotig gemischt (Empfindung und Selbstzucht)
konisch/spatel gemischt (empfindet die notwendigen Maßnahmen voraus)
Daumen: kräftig, gerade (weiß sich als Persönlichkeit zu behaupten)
Handberge: gut gewölbter Venusberg (Lebenskraft, Mitgefühl)
gut gewölbter Mondberg (Gemütsruhe, Abenteuerlust)
gut gewölbter Jupiterberg (Erfolg, Gerechtigkeitsliebe)
gut gewölbter Merkurberg (Einschätzungsvermögen)
gewölbter fester Marsberg (Mut, Kampfsinn, Disziplin)
Linien: Kopflinie, Verlauf unter dem Marsberg (Geistesgegenwart)
oder Verlauf in den oberen bis mittleren Mondberg (Naturliebe)
Saturnlinie, lang und ungebrochen (Unbeirrbarkeit)
Saturnlinie, Beginn im Mondberg (Förderung und Erfolg durch äußeres Einwirken)
Intuitionslinie (Innewerden der erforderlichen Verhaltensweise)

Zeichen (Symbole): gut ausgeprägtes großes Dreieck –
Lebens-, Kopf- und Magenlinie – (gute Gesundheits-
verhältnisse, gutes Gedächtnis)

Drechsler

Handform: breiter und fester (konstruktiv und Sinn für das
Regelmäßige)
Handtyp: spatel (praktisch, geschickt)
spatel/konisch gemischt (Gestaltungsvermögen, Sinn
für Formen)
Handberge: gut gewölbter Venusberg (Sinn für Kunst)
gut gewölbter Mondberg (Gemütsruhe)
gut gewölbter Merkurberg (verstandesmäßiges Denken)
gut gewölbter Marsberg (Durchführungskraft)
Linien: klar gezeichnete Herzlinie (»mit dem Herzen tätig«)
gut geprägte Kopflinie (überlegen und bei der Sache
sein)

Elektronische Datenverarbeitung (EDV)

Handform: lang und weniger breit (intellektuell, Orientierung nach Regeln)
Handtyp: eckig (Verstand, Gewissenhaftigkeit)
eckig/spatel gemischt (Methode und Praxis)
eckig/knotig gemischt (Ordnung und System)
Daumen: normal lang oder länger (Selbständigkeit)
erstes Daumenglied zugespitzt, abgeflacht und leicht
gebogen (Findigkeit, kann tüfteln)
Finger: Zeigefinger länger als Ringfinger (Eigenwille und
Selbständigkeit)
Ringfinger länger als Zeigefinger (Kunstfertigkeit und
Anpassung)
langer Kleiner Finger (günstig für Gedankenschu-
lung)
Handberge: normal gewölbt (ausgewogene Kräfte, Ausge-
glichenheit)

Linien: lange unzerrissene Herz- und Kopflinie (Empfinden und Denken im Gleichgewicht)
lange durchgezogene Saturnlinie (Zähigkeit und Ausdauer)
einfache oder doppelte Magenlinie, die in den Merkurberg mündet (Stabilität der Nerven, Unterstützung der Gehirnkraft)

Elektrotechniker
Handform: groß und breiter (liebt Handarbeit, ist genau)
Handtyp: spatel (praktisch, materiell, instinktsicher)
Linien: klar gezeichnete Kopflinie, die zum oberen Mondberg führt (Gestaltungskraft)
gute Saturnlinie (beständig)
gute Magenlinie, die in den Merkurberg reicht (widerstandsfähige Nerven, anhaltendes Denkvermögen)

Feuerwehrmann
Handform: fester, größer, breiter (Stabilität)
Handtyp: spatel (Selbstvertrauen, energisch, zäh)
Knöchel: ausgebildet (Einsatzbewußtsein)
Finger: eckig/spatel gemischt (pflichttreu, gewissenhaft, beweglich)
Handberge: gut gewölbter Venusberg (Vitalkraft)
gut gewölbter Mondberg (Affinität zum Wasser)
gut gewölbter Marsberg (Zielsicherheit, Tatendrang)
Linien: klar gezeichnete Herzlinie (Hilfsbereitschaft)
gut gezeichnete Kopflinie, die am Marsberg endet (Wagemut)
gut gezeichnete Saturnlinie (Selbständigkeit und Ausdauer)
gut gezeichnete Magenlinie (Unbeirrbarkeit)

Förster
Handform: mittelgroß (Empfindung und Denken in Übereinstimmung)

Handtyp: spatel (Kulturpionier)
    spatel/knotig gemischt (Unabhängigkeitsliebe)
Handberge: gut gewölbter Venusberg (Lebenskraft)
    gut gewölbter Mondberg (Naturliebe)
    gut gewölbter Jupiterberg (Güte, Naturschützer)
    gut gewölbter Merkurberg (Umsicht und Klugheit)
Linien: klare lange Herzlinie (Aufopferungsfähigkeit)
    lange klare Kopflinie, die im Marsberg endet (Durch-
    führungskraft)
    ungebrochene Saturnlinie (dient lebensnah dem We-
    sentlichen)
    längere oder kürzere Sonnenlinie (»glückliche Hand«
    im Aufgabenbereich)

Fotograf
Handtyp: konisch (kunstfertig)
    knotig/spatel gemischt (scheut nicht Erschwernisse
    und gefahrvolle Situationen)
    konisch/spatel gemischt (verquickt Reales mit Unrea-
    lem)
Handberge: alle gut gewölbt (Lebensbejahung, Lebens-
    freude)
Linien: klar gezeichnete lange Herzlinie (dem Wesen der
    Dinge aufgeschlossen)
    lange, normal an Lebenslinie angeschlossene Kopfli-
    nie, die in den mittleren Mondberg führt (Kreativität,
    Phantasie, Wesensbezug)
    kürzere oder längere Sonnenlinie (Kunstbegabung,
    erfolgreiches Vorgehen)

Friseur
Handform: klein bis mittelgroß, etwas füllig (Feinfühlig-
    keit)
Handtyp: konisch (empfindungsfähig, Sinn für Ästhetik)
Finger: konisch/ideal gemischt (weniger Stabilität, größere
    Verfeinerung)

Handberge: groß gewölbter Venusberg (sinnenfreudig)
  groß gewölbter Merkurberg (Routine)
  groß gewölbter Mondberg (reiche Phantasie und Gestaltungsgabe)
Linien: klare Saturnlinie, die im Mondberg ansetzt
  (schnelles Aufgreifen der Umweltimpulse)
  klare Kopflinie, die in den Mondberg führt (schöpferische Regsamkeit)
  kürzere oder längere Apollolinie (künstlerische Fähigkeiten)

Gärtner
Handform: mittelgroß bis groß, etwas füllig und kräftig
  (geschicktes Hantieren)
Handtyp: spatel (der Erde verbunden)
Finger: spatel/konisch gemischt (gestalterische Fähigkeiten)
Handberge: gut gewölbter Venusberg (Kraftreserven)
  gut gewölbter Mondberg (Erlebnistiefe)
  gut gewölbter Saturnberg (Zähigkeit, Ausdauer, erd-
  verbunden)
Linien: Verlauf der Kopflinie in den oberen Mondberg
  (Naturliebe, ideale Einstellung)
  klar gezeichnete lange Herzlinie (Warmherzigkeit,
  Vertrauenswürdigkeit)
  klar gezeichnete lange Saturnlinie, die vom Mondberg
  in den Saturnberg reicht (Ausdauer, Stetigkeit im
  Wechsel und Wandel der Natur)

Garderobiere
Handform: mittelgroß und größer, etwas füllig, zarte Haut
  (empfindsam, sensibel, aufgeschlossen, der Muse dienend)
Handtyp: konisch (Einfühlungsvermögen, lebensfreudig)
  konisch/knotig gemischt (fürsorglich, vorausdenkend)
Handberge: alle gut gewölbt (gute Lebensqualität)

Jupiterberg zum Saturnberg hin verschoben (Besonnenheit)

Merkurberg zum Apolloberg hin verschoben (Bewußtseinskontrolle der Stimmungen und Empfindungen)

Linien: gut ausgebildete Magenlinie, die in den Merkurberg reicht (Zähigkeit und gute Verfassung der gesamten Nerven)

kürzere oder längere Sonnenlinie (Kunstsinn, dem Ideal zustrebende Bemühungen)

Intuitionslinie (Einfallsreichtum)

Goldschmied, Graveur, Juwelier

Handtyp: konisch/spatel gemischt (Kunstsinn, Kunstverständnis, Geschicklichkeit)

Finger: konisch/spatel gemischt (Geschick im Gestalten)

konisch/ideal gemischt (ausgeprägter Schönheitssinn, trachtet nach Vollendetem)

Handberge: gut gewölbter Mondberg (Kreativität)

gut gewölbter Venusberg (Schönheitssinn, Kunsttalent)

gut gewölbter Merkurberg (Unterscheidungsvermögen)

kräftig gewölbter Marsberg (Energie im Einsatz)

Linien: normal an der Lebenslinie angesetzte klare Kopflinie, die in den oberen Mondberg reicht (Gestaltungskraft und Idealismus)

ungebrochene Saturnlinie, die im Mondberg beginnt (das seelisch-fließende Prinzip in Aktionen)

Intuitionslinie (Ideenreichtum)

Handwerker

siehe entsprechende Berufsbezeichnung

Hebamme

Handform: schmaler, lang, kräftig (schnelles Erkennen, gute Durchführung)

Handtyp: eckig (systematisch, ruhig, pflichttreu)
  eckig/knotig gemischt (vorsichtig, durchhaltend, ordnungsliebend, Organisationstalent)
Finger: eckig/spatel gemischt (Sachverständnis, praktische
  Ausführung)
Handberge: gut gewölbter Venusberg (Lebenskraft, Aufopferungsfähigkeit)
  gut gewölbter Jupiterberg (Einsatzbereitschaft, Nächstenliebe)
  gut gewölbter Mondberg (Sensitivität, Gemütsruhe)
Linien: gut gezeichnete Kopflinie, die im mittleren Mondberg endet (Kinderliebe)
  gut gezeichnete lange Herzlinie (Hilfsbereitschaft,
  Warmherzigkeit)
  gut gezeichnete lange Magenlinie (Vegetativum stabil)
  Längslinien im zweiten und dritten Glied des Kleinen
  Fingers (verbindliche Art)

Heilberufe, Arzt, Heilpraktiker
Handform: kräftig (zupackend)
Handtyp: knotig (Vernunft)
Hautbeschaffenheit: zart (feinempfindend)
Handberge: normal gewölbt und fester (Zuverlässigkeit,
  Widerstandskraft, Energiereserven)
Linien: fein ausgebildet (Sensibilität)
  alle Hauptlinien, Lebenslinie, Herz-, Kopf-, Saturn-
  und Magenlinie, klar ausgeprägt (Erfahrungsreife,
  Stabilität)
  doppelte Magenlinie (Stabilität der Nerven, praktische und psychologische Behandlung)
  aufsteigende Linie aus der Magenlinie zum Merkurberg (Eignung zum Chemiker und Phytotherapeuten)
  aufsteigende Linie aus der Magenlinie zum Apolloberg (Befähigung zur Naturheilkunde und zum
  Magnetisieren)
  aufsteigende Linie aus der Magenlinie zum Saturnberg (Erfolge durch Lehmbehandlung)

aufsteigende Linie aus der Magenlinie zum Marsberg (Eignung zum Chirurgen)

Längslinien an allen vier Fingern drittes und zweites Glied (Kommunikationsstärke, achtet den Mitmenschen)

das große Viereck, Handtisch gut ausgebildet (Nächstenliebe)

von der Lebenslinie in den Jupiterberg aufsteigende Linien (geistiges Bewußtsein, Gottverbundenheit)

Zeichen: Dreieck in der Magenlinie (befähigt zu feingeistigen Behandlungen – auch Magnetismus) Sonne im Apolloberg – (der priesterliche Mensch als Behandler – Berufung)

Holzschnitzer

Handform: mittelgroß bis groß, etwas füllig (Einfühlsamkeit im Ausformen von Materialien)

Handtyp: konisch/spatel gemischt (Formsinn, kreatives Gestalten)

Finger: Apollofinger lang und spatel (qualitatives künstlerisches Ausführen)

Handberge: gut gewölbt (Energiekraft)

harmonisch entwickelter Venusberg (Fähigkeiten und Interesse an Kunst)

harmonisch entwickelter Mondberg (Kreativität, Sensitivität)

Linien: klare lang geprägte Kopflinie, die im Mondberg mündet (Romantik und Versonnenheit)

lange klar geprägte Saturnlinie (Selbstwertempfinden)

ausgeprägte Sonnenlinie (Kunstverständnis, Kunstfertigkeit)

Intuitionslinie (schöpferische Eingebungen)

Imker

Handtyp: spatel/konisch gemischt (praktisch, einfühlsam, naturverbunden)

Handberge: gut gewölbter Venusberg (Lebensfreude, Harmonie)

gut gewölbter Jupiterberg (Naturliebe, Güte)

gut gewölbter Saturnberg (Beobachtungsgabe, Gewissenhaftigkeit)

gut gewölbter Apolloberg (Begeisterungsfähigkeit, innere Erlebnistiefe)

gut gewölbter Merkurberg (Umsicht, Klugheit)

gut gewölbter Marsberg (Durchführungskraft, Geistesgegenwart)

gut gewölbter Mondberg (Gemütsruhe, Versonnenheit)

Linien: alle Hauptlinien klar dargestellt (Ausgewogenheit des Charakters)

das Große Dreieck – Magen-, Kopf- und Lebenslinie = Marsfeld (sehr gute gesundheitliche Verhältnisse)

das Kleine Dreieck – Magen-, Kopf-, Saturnlinie (gründliche Studien der geistigen Gesetzmäßigkeiten)

das Hohe Dreieck – Magen-, Herz- und Sonnenlinie (Kontakt zu feingeistigen Wissensgebieten)

das Große Viereck – Magen-, Kopf-, Herz- und Saturnlinie oder Sonnenlinie = Handtisch (Klugheit, ruhiges Denken, positive Einstellung zum Leben)

Ingenieur, Techniker

Handtyp: spatel (praktisch, beweglich, selbstvertrauend)

Finger: spatel (einfallsreich für materielle Aufgabenstellungen)

spatel/eckig gemischt (gewissenhaft im Denken und Tun)

spatel/knotig gemischt (umsichtig und überschauend)

spatel/konisch gemischt (sachlich und eindrucksfähig)

langer Jupiterfinger (selbstbewußt, dominierend)

Handberge: gut geprägter Marsberg (Energie, Durchsetzungsvermögen)

gut geprägter Merkurberg (geistige Schaffenskraft)

gut geprägter Mondberg (flexibel, kontaktfreudig)

Linien: lange gut geprägte Magenlinie (gesunde Nerven-
    kraft)
    gut geprägte Kopflinie (guter Intellekt)
    gut geprägte Saturnlinie (Standfestigkeit, erfolgrei-
    cher Lebensweg)

Ingenieur, Bergbau
Handberge: gut ausgeprägter Saturnberg (Konzentration,
    Nachdenklichkeit, harmonische Beziehung zum Prin-
    zip der Erde)
Linien: gut ausgeprägte Saturnlinie (Furchtlosigkeit)

Ingenieur, Elektro
Finger: eckig/knotig gemischt (sorgfältig, logisch)
Linien: gute Intuitionslinie (geistig wach, intelligent)

Ingenieur, Konstrukteur, Maschinenbau
Finger: spatel (Zielstrebigkeit)
    spatel/eckig gemischt (praktisch, sorgfältig, genau)
Handberge: gut geprägter Marsberg (Geistesgegenwart,
    Durchführungskraft)

Ingenieur, Schiffsbau
Finger: spatel/eckig gemischt (praktisch, methodisch, ge-
    wissenhaft)
Handberge: gut ausgeprägter Mondberg (angeborene gute
    Beziehung zum Wasserelement)
Linien: gut gebildete Saturnlinie, die im Mondberg ansetzt
    (weiß sich mit dem Unvorhergesehenen, mit dem
    Wandelbaren auseinanderzusetzen)

Installateur, Klempner
Handform: breitere Hände (fest zupackend und stabil)
Handtyp: spatel (praktisch, erfinderisch)
    spatel/eckig gemischt (freies Schalten und Denken,
    selbstbeherrscht, gewissenhaft)

Handberge: gut gewölbter Venusberg (Widerstandsfähigkeit)
  gut gewölbter Mondberg (Gemütsruhe)
  gut gewölbter Merkurberg (Urteilsfähigkeit)
  gut gewölbter Marsberg (Tatendrang, Zielsicherheit)
Linien: gut geprägte Herzlinie (ausgewogene Empfindungswelt)
  gut geprägte Kopflinie, die in den oberen Mondberg
  reicht (Gestaltungskraft)

Instrumentenbauer
Handform: mittelgroße bis große kräftige Hand (Ausdauer
  im Bearbeiten der Substanz)
Handtyp: konisch (künstlerische Basis)
  konisch/spatel gemischt (Sinn für das Schöne, gute
  praktische Ausführung)
Finger: Apollofinger lang, spatel (Nutzung der Kunst, gute
  Ausführung)
Handberge: gut gewölbter Venusberg (Schönheitssinn,
  Sinn für Ton und Farbe)
  gut ausgeprägter Mondberg (Fantasie und Intuition)
  gut ausgeprägter Merkurberg (Urteilsvermögen, Einsicht)
Technische Ecke: zweites vorspringendes Daumenglied
Linien: gut gestaltete Kopflinie, die in den mittleren
  Mondberg reicht (idealistisch, phantasievoll, kreativ)
  gut gestaltete Herzlinie (empfindungsvoll, inneres
  Geöffnetsein)
  gut gestaltete Sonnenlinie (Kunstbegabung)
  gut gestaltete Saturnlinie, die im Mondberg ansetzt
  (vielfältige innere und äußere Impulse, die folgerichtig
  zentriert werden können)
  Intuitionslinie (innere Führung, die zum Ziel lenkt)

Journalist, Wissenschaft, Mode, Reise
Handtyp: eckig (intellektuell, real)
  eckig/konisch gemischt (erlebnisoffener)

eckig/knotig gemischt (durchhaltend, grundsätzlicher)

Finger: die Länge des Kleinen Fingers reicht über das erste Beugegelenk des Apollofingers (Rednergabe)

Handberge: gut geprägter Venusberg (gute Vitalität)
gut geprägter Mondberg (liebt unterwegs zu sein)
gut geprägter Merkurberg (Rednertalent, Schlagfertigkeit)
gut geprägter Jupiterberg (Strebsamkeit, Ehrempfinden)

Linien: lange Kopflinie, die dem Marsberg zuläuft (intellektuelles Denken)
lange Kopflinie, die dem oberen Mondberg zustrebt (leichteres Veranschaulichen in der Wiedergabe)
gut geprägte lange Saturnlinie (sich für das Wesentliche entscheiden können)
klar gezeichnete Magenlinie (ein widerstandsfähiges Vegetativum)
Intuitionslinie (Ideenreichtum)

Zeichen: besonders günstig: Dreieck auf Jupiterberg (diplomatische Fähigkeiten)
Dreieck auf dem Merkurberg (innere Ruhe, Gelassenheit)

Jurist, Richter, Rechtsanwalt

Handform: eckig, schmaler (intellektuell)
spatel, breiter, kräftig (widerstandsfähig, materiell)

Handtyp: eckig (Verstand, Ordnung nach dem äußeren, geschriebenen Gesetz)
eckig/knotig gemischt (Ordnung nach dem kosmischen Gesetz)

Daumen: lang und kräftig (Tatendrang, Durchsetzungsfähigkeit)

Finger: spatel (praktische Nutzanwendung)
knotig (sich nach der Vernunft orientieren)
langer Kleiner Finger (Rednergabe)

Merkurfinger erstes Glied am längsten (kraftvolle
Ausdrucksweise in Sprache und Schrift – Spatelhand)
Handberge: gut geprägter Venusberg (Lebenskraft)
gut ausgeprägter Mondberg (äußeren Einflüssen zugänglich)
gut ausgeprägter Merkurberg (Intellekt, Urteilsfähigkeit, Beredsamkeit)
gut geprägter Jupiterberg (Gerechtigkeitsliebe, Güte)
Linien: lange Kopflinie, die in den Marsberg läuft (Kampfsinn)
oder lange Kopflinie, die in den oberen Mondberg
läuft (einfühlsam)
lange Saturnlinie (Unbeirrbarkeit, Selbstsicherheit)
lange Magenlinie (Erfolg durch gute Nervenverfas-
sung)
Intuitionslinie (dient der Gerechtigkeit)
Zeichen: Dreieck auf dem Merkurberg (günstig für Politik
und Wissenschaft)
Dreieck auf dem Jupiterberg (diplomatische und po-
litische Fähigkeiten)

Kapitän

Handform: kräftig, breit und lang, feste Konstitution
(Widerstandsfähigkeit)
Handtyp: spatel (energisch, zäh, selbstvertrauend, prak-
tisch, Kulturpionier)
Daumen: lang, groß, kräftig (Stabilität, weiß sich in allen
Lebenslagen zu helfen)
Finger: langer Kleiner Finger (gewandt, beredsam, erfolg-
reich in Handel und Wandel)
Handberge: gut gewölbter Venusberg (widerstandsfähig)
gut gewölbter Mondberg (Naturverbundenheit)
gut gewölbter Marsberg (Tatendrang)
gut gewölbter Merkurberg (klar im Denken und Tun)
Linien: Kopflinie, die in den Mondberg reicht (vertraut
mit den Elementen Wasser und Luft)

klar gezeichnete Herzlinie (warmherzig)
lange klar gezeichnete Magenlinie (stabile Nerven-
konstitution)
vom Mondberg aufsteigende Saturnlinie (begünstigt
den Umgang mit den Elementen)
Zeichen: Quadrat auf dem Mondberg (Schutz bei Unfällen
auf Reisen)

Kassierer
Handtyp: eckig (redlich, pflichttreu, gewissenhaft)
Finger: eckig (pedantisch, ordnungsliebend, realistisch)
Handberge: stark gewölbter Merkurberg (Routine)
    wenig entwickelter Mondberg (real, materiell)
Linien: lange Kopflinie, die in den Marsberg verläuft (real
und materiell)
    gute von der Handwurzel aufsteigende Saturnlinie
    (Verantwortungsbewußtsein)
    klar gezeichnete Herzlinie (menschenfreundlich,
    höflich, gute Umgangsformen)

Kaufmann, Disponent
Handtyp: eckig (methodisch)
eckig/spatel gemischt (Kalkulationsfähigkeit)
Haut: feine Hautbeschaffenheit (gutes Niveau, Durchläs-
sigkeit)
Finger: spatel (unternehmungsfreudig)
    spatel/eckig gemischt (zum Nutzen handelnd)
Handberge: gut ausgeprägt (Aufgeschlossenheit, positive
Einstellung zum Leben)
Linien: Kopflinie, die in den Mondberg reicht (Kombi-
nationsgabe)
    gut geprägte Herzlinie (der Umwelt gegenüber auf-
    geschlossen)
    gut gezeichnete Magenlinie (Zähigkeit)
    Saturnlinie: Beginn im Mondberg (schnelle Anpas-
    sungsfähigkeit)

Kaufmann, Export
Handtyp: spatel (praktische Verwertung, materielle Nutzung)
  spatel/knotig/konisch gemischt (Vielseitigkeit)
  feste Handmuskulatur (zuverlässig)
Daumen: lang, gerade, kräftig (eigenwillige Persönlichkeit)
Handberge: gut ausgeprägter Mondberg (begünstigt Handel und Wandel)
  gut ausgeprägter Merkurberg (Handelstalent)
Linien: klare Kopflinie, die im Mondberg endet (flexibel) lange Magenlinie (nervale Widerstandsfähigkeit)
  Saturnlinie, die im Mondberg beginnt (weiß sich mit den »Zufälligkeiten« der Situationen auseinanderzusetzen)

Kaufmann, Lagerist
Handtyp: eckig (ordnungsliebend, pedantisch)
  Konstitution der Muskulatur fest (Stabilität)
Handberge: gut gewölbter Merkurberg (Einschätzungsvermögen)
  gut geprägter Venusberg (Sinn für Form und Farbe)
  gut gewölbter Mondberg (gutes Einstellen auf den Wechsel der Erfordernisse)
Linien: klare Saturnlinie (Unbeirrbarkeit)
  klare Kopflinie (schnelles Orientieren)

Kellner
Handform: breiter, länger und kräftig (praktische Betätigung)
Finger: spatel (geschickt in den Handhabungen)

Kellner, Zahlkellner
Handform: spatel/eckig gemischt (genau, gewissenhaft)
Handberge: bei Spatelhand gut gewölbt (Motivation: mehr Empfindung)

spatel/eckig gemischt, mittelgroß gewölbt (Motivation: mehr Verstand)
Linien: Kopflinie zwischen Mars- und Mondberg (Verstandesdenken)
gute lange Saturnlinie, Beginn im Mondberg (kann Stimmungen aufgreifen und beherrschen)

Koch, Konditor
Handtyp: konisch, große Handform (Stimmung, Empfindung, Genuß)
Handmuskulatur fester (Disziplinierung der Empfindungswelt)
Handberge: gut gewölbter Venusberg (Sinn für das Schöne und Feine, Genußfreude)
gut ausgebildeter Mondberg (Phantasie, kreative Neigungen)
stärker gewölbter Jupiterberg (Lebensgenuß, Freude am Essen und Trinken)

Kraftfahrer
Handform: breiter und fester, weniger schmal (widerstandsfähige Konstitution) Lkw
spatel/eckig gemischt (gute Umgangsform) Pkw
spatel/knotig gemischt (humanitäre Einstellung) Rettungswagen
Handtyp: spatel (praktische Begabung, Geistesgegenwart, Unternehmungslust)
Handberge: gut geformter Venusberg (Lebenslust)
gut geformter Mondberg (Bewegungsdrang, Ausweitung des Umfeldes)
gut geformter Merkurberg (Wachsen auf der Gedankenebene)
Linien: vom Mondberg aufsteigende Saturnlinie (Bewußtseinsförderung durch äußere Einflüsse)

Krankenschwester, Diakonisse, Oberin
Handform: kräftige muskulöse Hände (physischer Einsatz)
Handtyp: spatel (praktische Zuwendungen)
  spatel/knotig gemischt (Einsatz aus Erbarmen)
  spatel/konisch gemischt (Einsatz aus Mitleid)
Finger: Längslinien im Merkurfinger (bewußte Kommunikationsfähigkeit)
Handberge: gut gewölbter Venusberg (Nächstenliebe,
  Vitalität)
  gut gewölbter Jupiterberg (Altruismus)
  gut gewölbter Mondberg (Idealismus)
Linien: gute Kopflinie, die im Mondberg endet (Einsatzbereitschaft, soziale Hilfsbereitschaft)
  gut gezeichnete lange Herzlinie (Mitempfinden,
  Warmherzigkeit)
  gut gezeichnete lange Magenlinie (Zähigkeit durch
  Nervenkraft)
  klare länger gezeichnete Kopflinie (intensives »bei der
  Sache sein«)

Kriminalist
Handform: schmal und lang (intellektuell, ideell)
Handtyp: eckig/knotig gemischt (methodisch, korrekt,
  Ergründen von Ursache und Wirkung)
Finger: eckig/spatel gemischt (Überlegung und Ausführung)
  eckig/konisch gemischt (Verstand und Empfindung)
  eckig/knotig gemischt (Theorie und Praxis)
Handberge: gut gewölbter Merkurberg (objektives Denkvermögen)
  gut gewölbter Saturnberg (Konzentration, Unabhängigkeit, Beständigkeit)
  fester Marsberg (Mut, Energie, Willenskraft)
  gut gewölbter Mondberg (Vorstellungsvermögen)
Linien: lange Kopflinie bis zum Marsberg (Sachlichkeit)
  lange Kopflinie bis zum oberen Mondberg (planvolles
  Denkvermögen)

klare Saturnlinie, die im Mondberg beginnt (aufmerk-
sam für alles Unvorhergesehene: Erfolge)
Intuitionslinie (Eingebung für Zusammenhänge)
klare lange Herzlinie (aufgeschlossen, warmherzig)
Zeichen: Dreieck auf dem Merkurberg (Gelassenheit, innere Ruhe)
Dreieck auf dem Mondberg (fantasievolle Ideen bei
wissenschaftlicher Methodik)

Kunsthändler, Antiquitäten
Handtyp: knotig (Sinn für geistig-religiöse Darstellungen)
spatel/knotig gemischt (praktischer Sinn, aufgeschlossen für geistigen Symbolgehalt)
Finger: lange Finger eckig/ideal gemischt (Sinn für Ethik
und Ästhetik)
Handberge: gut ausgeprägter Venus- und Mondberg
(Kraft der Physis und Kraft der Phantasie)
gut ausgeprägter Saturn- und Merkurberg (Konzentration, Sammlung, Einschätzungsvermögen)
Linien: gute Kopflinie, die im Mondberg endet (aufgeschlossen für das Schöpferische)
klare lange Apollolinie (Kunstverständnis)
klare lange Saturnlinie, Beginn im Mondberg, Ende
im Saturnberg (Kreativität dient der Bewußtseinser-
weiterung)
Zeichen: Dreieck auf dem Mondberg (seelischer Zustrom
aus den inneren Bereichen)

Kunstmaler für Ornamente, Stilleben, Musterzeichnen
Handform: mittelgroß, mehr weiche als feste Hände (Elastizität)
Handtyp: konisch (begeisterungsfähig, impulsiv, eindrucksfähig, starkes Empfinden)
Finger: eckig (Genauigkeit, Symmetrik)
konisch/eckig gemischt (Klarheit, Präzision, Schönheit)

Handberge: gut gewölbter Mondberg (Phantasie)
gut gewölbter Venusberg: (Sinn für Schönheit und Farbe)
gut gewölbter Apolloberg (den Musen aufgeschlossen)
Linien: klar dargestellte Saturnlinie (Einordnung klarer Vorstellungen)
lange klare Sonnenlinie (Erfolge durch Ausübung schöner Künste)

Kunstmaler für Schlachten, See, Tiere
Handtyp: konisch (Kunstfertigkeit)
spatel (Ausformen, Darstellen des Bewegten)

Kunstmaler für Portraits
Handtyp: eckig (systematisch)
konisch/spatel gemischt (empfindungsvolle Gestaltung)
Handberge: gut gewölbter Mondberg (Kreativität)
gut gewölbter Venusberg (Talent für Kunst)
gut gewölbter Merkurberg (geistige Schaffenskraft)
Linien: klare Kopflinie, die im Marsberg endet (richtet sich nach dem Vorgegebenen)
klare Saturnlinie (bewußte Ausübung)
klare Sonnenlinie (Kunstbegabung)
klare lange Magenlinie (Nervenkraft)

Kunstmaler für Landschaften und Blumen
Handtyp: konisch (empfindungsvoll)
Finger: konisch (Inspiration)
Handberge: gut gewölbter Mondberg (schöpferische Begabung)
gut gewölbter Venusberg (Sinn für Form und Farbe)
Linien: klare Sonnenlinie (Erlebnistiefe)
klare Saturnlinie (Erkenntnisvermögen)
Kopflinie verläuft in den oberen Mondberg (Gestaltungsfähigkeit)
Intuitionslinie (außergewöhnliche Einfälle und Ideen)

Zeichen: Dreieck auf dem Mondberg (kreative Gedankenwelt)

Laborantin
Handtyp: eckig (ruhig, strebsam, gewissenhaft, Verstand)
eckig/spatel gemischt (sachlich, praktisch)
Handberge: mittelgroß, gewölbt (verhalten, mehr materiell)
Linien: lange Kopflinie zwischen Mars- und Mondberg
(gute Verstandeskräfte)

Landwirt
Handform: kräftig, groß, breiter (Stabilität)
Handtyp: spatel (naturverbunden, Praktiker)
Finger: spatel (selbstvertrauend, erfinderisch)
spatel/knotig gemischt (Wissen und Erkennen im
Einsatz)
Handberge: gut gewölbter Mondberg (seelisch aufgeschlossen, Naturerleben)
gut gewölbter Saturnberg (Erdverbundenheit)
Linien: lange Kopflinie, die in den oberen Mondberg
reicht (guter Umgang mit dem Lebendigen)
klar gezeichnete Herzlinie (Warmherzigkeit)
gut ausgeprägte lange Saturnlinie, die in den Saturnberg reicht (Selbstsicherheit im Aufgabenbereich)

Lehrer, Kindergärtnerin, Pädagoge
Handform: lang, schmal, (weniger stabil)
Handtyp: eckig (pedantisch, Realitätsbezogenheit, ord-
nungsliebend)
knotig (philosophische Denkart, soziale religiöse
Freiheit)
eckig/knotig gemischt (Intellekt und Vernunft)
Finger: langer Merkurfinger (günstig für Unterricht und
Lehren)
Daumen: gut ausgeprägt mit Knoten (überzeugende Per-
sönlichkeit)

Handberge: mittelgroß bis groß ausgeprägt (Aufgeschlossenheit, wohlwollendes Wesen)
mehrere senkrechte Linien auf dem Merkurberg (Ver-
mittlung geistigen Gedankengutes)
Linien: lange klare Herzlinie (Warmherzigkeit)
klar geprägte Kopflinie dem Mondberg zustrebend
(Kinderliebe, Naturliebe)
klar ausgeprägte Saturnlinie (Selbstsicherheit, Verständnis durch eigene Erfahrungen)
Sonnenlinie (Feinempfinden)

Lokomotivführer, Eisenbahner
Handform: größer, kräftig (Stabilität)
Handtyp: spatel (ruhig, gewissenhaft, pflichttreu)
spatel/eckig gemischt (praktische Fähigkeiten, Ord-
nung, Selbstbeherrschung)
Daumen: lang, kräftig (Durchsetzungsvermögen, Geistes-
gegenwart)
Handberge: alle mittelgroß gewölbt (Empfindung mit
Sachlichkeit)
Linien: klar gezeichnete Kopflinie (gute Verstandeskräfte)
klar gezeichnete Herzlinie (gesunder Blutumlauf)
gut geprägte Saturnlinie, Ansatz an der Handwurzel
(Konsequenz, Selbstvertrauen)
gut geprägte Saturnlinie, Ansatz Mondberg (kann
Unvorhergesehenes meistern)
Intuitionslinie (Vorausschau)
Zeichen: Quadrat auf dem Saturnberg (Schutz vor und in
Gefahren)

Maler, Tapezierer
Handform: mittelgroß, ausgeprägt (beweglich)
Handtyp: konisch (eindrucksfähig, liebt die Abwechslung)
konisch/spatel gemischt (Gestaltung in der prakti-
schen Handhabung)
Finger: Apollofinger spatel (künstlerisch in praktischer
Betätigung)

Linien: klare Saturnlinie Beginn im Mondberg (sucht den Wechsel der Dinge)

lange Kopflinie, die im mittleren Mondberg endet (Fantasie, Kreativität)

Apollolinie (Sinn für das Schöne, Gestaltungsfähigkeit)

Zeichen: Dreieck auf Apolloberg (günstig für praktische Tätigkeit, der Kunst dienend)

Mathematiker

Handform: lang, schmal (feinnervig)

Handtyp: eckig (verstandesbezogen)

Finger: eckig (Genauigkeit, pedantisch, gewissenhaft)

Daumen: Ecke am zweiten Glied (mathematische Begabung)

Handberge: gut geprägter Mondberg (Gemütsruhe)

gut geprägter Merkurberg (wissenschaftliches Denkvermögen, Umsicht)

gut geprägter Saturnberg (Konzentration, Nachdenklichkeit, Zähigkeit, Ausdauer)

Linien: lange ungebrochene Magenlinie, Ende im Merkurberg (sprachbegabt, sehr gute Gesamtverfassung der Nerven)

klare Saturnlinie (Selbstsicherheit, gute geistige Schulung der Lebensumstände)

Sonnenlinie (unterstützende Kräfte, Aufgabenhilfen)

Maurer

Handform: mittelgroß, breit (Stabilität)

Handtyp: spatel/konisch gemischt (praktische Fähigkeiten, Liebe zur Gestaltung)

Finger: kräftig, füllig (Kraft zum Hantieren)

Handberge: gut gewölbter Venusberg (reiche Reserven, sinnenfreudig)

gut gewölbter Mondberg (liebt neue Impulse und Abwechslung)

gut gewölbter Merkurberg (Umsicht, Urteilsfähigkeit)

gut gewölbter Marsberg (Durchführungskraft, Selbstkontrolle)

Linien: klar geprägte Kopflinie (selbständiges Denken)

klare lange Herzlinie (der Umwelt aufgeschlossen)

Mechaniker, Automechaniker, Feinmechaniker

Handform: größer, mittelbreit bis breit, fest (gute Energien für die Handhabung)

Handtyp: spatel (praktisches Einwirken im Umgang auf
die Materie)

spatel/eckig gemischt (Überlegung und Durchfüh-
rungsfähigkeit kombiniert)

Handberge: gut gewölbter Venusberg (gute Reserven der
Vitalkräfte)

gut gewölbter Mondberg (leichtes Erkennen der
Wechselbeziehungen)

gut gewölbter Merkurberg (intelligent, erfinderisch)

gut gewölbter Marsberg (Mut, Durchführungskraft,
Geistesgegenwart)

Linien: lange klare Kopflinie (selbständiges Denkvermögen)

lange klare Herzlinie (Toleranz, Offenheit)

Missionar

Handtyp: spatel (praktisches Veranschaulichen)

spatel/knotig gemischt (kosmische Einstellung, praktizierend)

spatel/konisch gemischt (kann Begeisterung auslösen,
Stimmungen nutzen)

Finger: langer Apollofinger (kann das Erhabene hervorhe-
ben und darstellen)

langer Merkurfinger (Beredsamkeit)

Handberge: gut ausgeprägter Jupiterberg (Streben nach
Religiösem, Protektion)

gut ausgeprägter Venusberg (Lebenskraft, Mitgefühl, Aufopferung)

gut ausgeprägter Mondberg (Mystik, Fantasie, Sensitivität)

Linien: lange Saturnlinie, die im Mondberg beginnt und nach dem Jupiterberg strebt (intensives Streben nach geistiger Erfüllung)

gute Kopflinie, die im Mondberg endet (Ideale, Naturliebe)

Zeichen: Dreieck auf dem Mondberg (Neigung zur Mystik)

Modemacher, Designer

Handtyp: konisch (künstlerische Fähigkeiten)

konisch, klein (Schönheitsliebe, Begeisterung)

konisch, groß (Sinnenfreude, strebt nach Selbstzufriedenheit)

konisch/spatel gemischt (ausübende Kunstfertigkeit)

Finger: langer Apollofinger (richtet sich nach Umwelt, um diese zu beeinflussen)

Handberge: gut gewölbt (aufgeschlossene Sinneswelt)

Linien: lange Kopflinie, die in den Mondberg reicht (Ideale)

lange Herzlinie (Lebensfreude, Wärme)

Saturnlinie, die im Mondberg ansetzt (begünstigt Mode, Konjunktur und Wechselfälle des Lebens)

längere Apollolinie (Schönheitsempfinden)

Zeichen: Stern auf Apolloberg, mit guter Sonnenlinie (Wohlstand)

Kreuz mit guter Sonnenlinie (Erfolg durch andere, mehr indirekter Art)

Monteur

Handform: groß, breit, kräftig (energievoll)

Handtyp: spatel (geschickte, praktische Handhabungen)

spatel/konisch gemischt (liebt größere Unternehmungen, Abwechslung und Freiheit)

Handberge: gut gewölbter Mondberg (Wechselfälle des
  Lebens und Horizonterweiterung)
  gut gewölbter Venusberg (Kraftreserven, Vitalität)
  gut gewölbter Saturnberg (Sammlung, Konzentration, Koordinationsfähigkeit)
  gut gewölbter Merkurberg (Routine, durchhaltende
  Nervenkraft)
  gut gewölbter Marsberg (Energie, Mut, einsatzwillig)
Linien: lange Saturnlinie, die im Mondberg beginnt
  (bleibt bei seiner Ausrichtung, läßt sich nicht ent-
  mutigen)
  klar gezeichnete Herzlinie (gute Blutzirkulation)
  lange Kopflinie, die in den Marsberg reicht (materiell-
  intellektuelles Denken)
  oder lange Kopflinie, die in den Mondberg reicht
  (tiefere Naturverbundenheit)
Zeichen: Viereck auf Saturnberg (Schutz vor und in Gefahren)
  Dreieck auf Marsberg (große Ruhe, Selbstbeherrschung Geistesgegenwart)
  Viereck auf Marsberg (Schutz in Gefahr vor Feinden
  und Waffen)

Musiker: 1. Streicher (Violine, Bratsche, Cello, Baß);
  2. Pianist; 3. Harfenist; 4. Organist; 5. Holzbläser;
  6. Blechbläser; 7. Schlagzeuger; 8. Sänger; 9. Komponist
1. *Streicher*
Handform: schmal, lang (geistige Ausrichtung)
Finger: eckig (Sorgfalt und Genauigkeit, gute Technik)
Handberge: gut gewölbter Venusberg (Lebensenergien,
  beseelt, gemütstief, Sinn für Ton und Klang)
  gut gewölbter Mondberg (Fantasie, Harmonieempf-
  finden, Musikbegabung)
  gut gewölbter Saturnberg (liebt Unabhängigkeit, ist
  aber beständig, geht in die Tiefe)

Linien: Kopflinie, Ende im Mondberg (Schöpferkraft durch Harmonie)

klar gezeichnete Herzlinie (aufgeschlossen, empfänglich)

klar gezeichnete Saturnlinie (Ausdauer und Durchführung)

lange Apollolinie (erhöhte Empfindungsfähigkeit, die in der Kunstbegabung Bestes auslöst)

2. *Pianist*

Handtyp: eckig/konisch gemischt (gute Verbindung von Technik, Gehör und Empfindung)

eckig/ideal gemischt (Präzision und Empfindungstiefe im Einklang)

Finger: spatel (gründlich, ausdauernd im Einsatz)

Handberge: gut gewölbter Venusberg (Musikalität)

gut gewölbter Mondberg (offene Empfindungsebene)

gut gewölbter Saturnberg (Konzentration, geistiges Bewußtsein)

Linien: Kopflinie in Richtung Mondberg (leichter Kontakt mit der Empfindungsebene)

klare gute Herzlinie (aufgeschlossenes Wesen)

klare gute Apollolinie (Musikalität durch Sensibilisierung)

klare gute Saturnlinie (Kraft zur Durchführung)

3. *Harfenist*

Handtyp: ideal/konisch gemischt (vertiefte Erlebnisfähigkeit)

Finger: mit knotigem Einschlag (kosmisch offen, geistiges Bewußtsein)

Linien: Intuitionslinie (offen für geistige Einflüsse)

4. *Organist*

Finger: konisch/spatel gemischt (kunstfertige Wiedergabe)

knotig/spatel gemischt (geistig bewußte Einsätze)

5. *Holzbläser*

Handform: kräftig, mittelbreit (Kraft in der Ausübung)

Handtyp: konisch/spatel gemischt (günstig für musikalische Betätigung)
Finger: eckig/spatel gemischt (exakt in der Ausführung)
konisch/spatel gemischt (konturenreiches Fließen)

6. *Blechbläser*
Handform: kräftig, mittelbreit (energievoll)
Finger: konisch (massive Empfindungskraft)
konisch/spatel gemischt (konturenreiche Wiedergabe)
konisch/eckig gemischt (Übereinstimmung von Modulation und Treffsicherheit)

7. *Schlagzeuger*
Handform: kräftig, mittelbreit (guter Rückhalt)
Handtyp: konisch (Kunstsinn, stimmungsvoll)
Finger: konisch/spatel gemischt (gute Umsetzung)

8., 9. *Sänger, Komponist*
Handtyp: konisch (Empfindungstiefe für Ton und Klang)
konisch/eckig gemischt (Harmonie, Stimulanz, Ausdruck)
Finger: Apollofinger konisch/ideal zugespitzt (Stimmtechnik)
Handberge: alle gut gewölbt (Lebensfülle)
Linien: Apollolinie lang und klar (erforderlich für Erfolg)
Zeichen: Venuszeichen auf Apolloberg (Idealisierung in künstlerischen Berufen)

9. *Komponist*
Linien: Kopflinie Verlauf in den Mondberg (schöpferische Kräfte der Fantasie)

Offizier, Berufssoldat
Handform: schmal und lang, von fester Konstitution (selbstbewußt)
Handtyp: spatel/eckig gemischt (Denken und Tun koordiniert)
Finger: langer Zeigefinger (Persönlichkeit, dominanter Befehlshaber)
Daumen: kräftig, gerade (vertritt überzeugend eigene Meinung)

Handberge: gut gewölbter Jupiterberg (Führungsqualitä-
ten)

gut gewölbter Merkurberg (Überlegenheit, Urteilsfähigkeit)

gut gewölbter Venusberg (Vitalität, Widerstandsfähigkeit)

gut gewölbter Mondberg (Prinzip der Veränderung)

kraftvoller Marsberg (Tatendrang und Strategie)

Linien: Kopflinie in Richtung Marsberg (sachlich, nütz-
lich)

oder in Richtung oberer Mondberg (weniger einseitig, weniger materiell)

klar gezeichnete Herzlinie (Aufgeschlossenheit, gesunder Kreislauf)

gute Magenlinie (Stabilität der Nerven)

klar gezeichnete Saturnlinie (Ausdauer und Festigkeit)

Zeichen: Stern auf dem Jupiterberg (erfolgreiches Streben
und günstig für Strategie)

Dreieck auf dem Jupiterberg (diplomatische und po-
litische Fähigkeiten)

Pflanzer (Plantage)

Handform: kräftig, groß, breiter (kraftvolle Energie)

Handtyp: spatel (Lebenspraktiker)

spatel/konisch gemischt (Genuß der Lebensfreude)

spatel/eckig gemischt (kalkuliert Erfordernisse)

spatel/knotig gemischt (nicht auf Kosten der Natur
tätig)

Handberge: alle Berge gut gewölbt (Vitalität, verstärkte
Lebensenergie)

Linien: gut geprägte Saturnlinie, die im Mondberg beginnt (die verschiedenen Zustände des Umfeldes
nutzen können)

Physiker

Handform: kräftig, mittelgroß (widerstandsfähig)

Handtyp: spatel (Erfahrung und Praxis)

spatel/eckig (Erfindung und Wissenschaft)

Finger: spatel/knotig gemischt (Synthese und Analyse)

Daumen: lang, groß (starke Persönlichkeit)

Handberge: gut gewölbter Mondberg (inspirativ)

gut gewölbter Merkurberg (Differenzierungsvermögen)

gut gewölbter Saturnberg (sich versenken und sich in etwas hineinversetzen können)

Linien: lange ungebrochene Magenlinie, Ende im Merkurberg (Zähigkeit im Nervenbereich)

klare Saturnlinie (kennt sich mit den Gesetzmäßigkeiten aus)

Sonnenlinie (Feinempfinden)

Intuitionslinie (kommt auf den Grund der Dinge)

Pilot

Handform: lang, etwas breiter (geistiges Wachsein, Kraftreserven)

Handtyp: eckig/knotig gemischt (genau und weltoffen)

eckig/spatel gemischt (präzise im praktischen Einsatz)

Handberge: gut gewölbter Venusberg (Lebenskraft)

gut gewölbter Mondberg (Horizonterweiterung durch innere und äußere Einflüsse)

gut gewölbter Merkurberg (Klugheit, Umsicht)

Linien: gut geprägte Saturnlinie, Beginn im Mondberg (viele Impulse aus dem Umfeld, die genutzt werden)

klar durchgezogene Kopflinie (anhaltendes Denkvermögen)

gut gezeichnete Herzlinie (höfliches Wesen)

Intuitionslinie (geistige Anstöße)

Zeichen: Viereck auf Saturnberg (Schutz vor und in Gefahren)

Viereck auf Merkurberg (fördert innere Ausgewogenheit)

Viereck auf dem Marsberg (Schutz bei Gefahr vor Feinden und Waffen)

Viereck auf dem Mondberg (Schutz vor Fehlleistung ungezügelter Phantasie und vor Unfällen auf Reisen)

Polizist
Handform: kräftig (gute Konstitution)
Handtyp: eckig/knotig (Überlegung und Berufung aus Nächstenliebe)
  spatel (aktiv, beweglich, zäh und selbstvertrauend)
  spatel/eckig gemischt (autoritätsbewußt, praktische Talente)
Handberge: alle gut gewölbt (aufgeschlossene Wesensart)
Linien: klar gezeichnete Herzlinie (Wohlwollen, Humanität)
  lange Kopflinie, auf den oberen Mondberg gerichtet (Idealismus)
Zeichen: Dreieck auf dem Jupiterberg (diplomatische Fähigkeiten)
  Dreieck auf dem Marsberg (Ruhe, Selbstbeherrschung, Geistesgegenwart)

Puppenspieler
Handtyp: konisch (Kunstverständnis)
  konisch/knotig gemischt (sinnvolle inhaltsreiche Darstellung)
Finger: langer Merkurfinger (redegewandt)
  langer Apollofinger (günstig für darstellende Kunst)
Handberge: gut gewölbt (Energiereserven)
Linien: gute Kopflinie, Ende im mittleren Mondberg (Kreativität, Fantasie)
  lange klare Herzlinie (Miterleben, tiefes Mitempfinden)
  lange Saturnlinie aus Mondberg aufsteigend (kann sich gut in die vielfältigen Situationen hineinversetzen)

lange Magenlinie, die in den Merkurberg reicht (sprachlich begabt)
lange Apollolinie (Gestaltungskraft)
Intuitionslinie (Quelle der Weisheit)

Radiästhesist
Handtyp: eckig (wissenschaftlich intellektulles Denken)
    eckig/zart konisch gemischt (Feinempfinden, Ästhetik)
    zarte Hautbeschaffenheit (gehobenes Niveau, sensibel)
Finger: viele zarte feine Linien auf den zweiten und dritten Fingergliedern (Magnetismus, Ausstrahlungskraft)
Handberge: alle gut gewölbt, Mondberg stärker ausgeprägt (Magnetismus, Kraft innerer Energie)
    Intuitionslinie (seelische Erschließung)

Radierer, Kupferstecher, Lithograph, Steinzeichner
Handtyp: spatel (Geschicklichkeit)
    spatel/konisch (kunstvolles Handhaben)
    spatel/knotig (ausgeprägte Wiedergabe)
Finger: Fingerkuppen zart gewölbt, kleine Erhebungen (Tastsinn, Qualitätssinn)
    Apollofinger lang, spatel (Kunstfertigkeit)
Handberge: gut gewölbter Mondberg (Phantasie, Einfallsreichtum)
    gut gewölbter Venusberg (Kunstsinn)
    gut gewölbter Merkurberg (gute Ausdrucksfähigkeit in Wort und Schrift)
    gut gewölbter Marsberg (aktiver Einsatz)

Regisseur
Handtyp: spatel (Lebenspraktiken)
    spatel/konisch gemischt (Kunst ins Kolossale übersetzt)
    spatel/knotig gemischt (Kunst mit geistiger Aspektierung)
    spatel/eckig gemischt (strategisches Vorgehen)

Finger: langer spitzer Kleiner Finger (verfeinerte Denk- und Ausdrucksweise geistiger Art, Tendenz zu Mystik)

Daumen: kräftig, leicht gebogen (kann sich sowohl durchsetzen als auch anpassen)

Handberge: alle gut gewölbt (im Einklang mit sich selbst)

Linien: alle Linien klar gezeichnet (Offenheit im Wesen, gradlinig)

Kopflinie mündet im Mondberg, am Ende etwas gespalten (Fantasie, Vielseitigkeit)

Intuitionslinie (Innenwissen)

Schauspieler

Handtyp: konisch (starke Empfindungswelt)

konisch/spatel gemischt (darstellende Kunst)

konisch/eckig gemischt (Empfindung und Berechnung)

Daumen: biegsam (Anpassungsfähigkeit)

Finger: Apollofinger lang (resonanzabhängig)

Apollofinger spatel (ausdrucksvolle Darbietung)

Handberge: gut gewölbter Venusberg (Sinn für Kunst, Frohsinn)

gut gewölbter Mondberg (Stimmungen, Fantasie, Romantik, Ideale)

Linien: gut gezeichnete Saturnlinie, Beginn im Mondberg (die Wechselfälle des Lebens werden kunstfertig genutzt und umgesetzt)

lange Kopflinie in Richtung Mondberg (Fantasie, schöpferische Fähigkeiten)

Intuitionslinie (Vorausempfinden, innere Kontaktnahme geistiger Art)

lange Sonnenlinie (Kunstbegabung, glückhafte Förderung)

Schlachter
Handform: kräftig, derb (Stabilität)
Handtyp: spatel (Praktiker, resolut, materiell)
　　spatel/primitiv gemischt (praktische Handhabung ohne Bewußtsein für Tun und Lassen)
Daumen: breit, starr (wenig Anpassung)
Handberge: große Berge (übermäßige Energien)
Linien: wenig Linien, Hauptlinien kurz und kräftig, Hauttextur gröber (kein geistiges Wachsein, weniger Mitempfinden)

Schlosser, Schmied
Handform: kräftig, größer (Stabilität)
Handtyp: spatel (praktische Fertigkeiten)
　　spatel/konisch gemischt (kunsthandwerkliche Fähigkeit)
Handberge: gut gewölbt (Lebensenergien)
　　kräftiger Marsberg (geschickt im Umgang mit Werkzeugen)
Linien: aus Mondberg aufsteigende Saturnlinie (kombinieren, durchdenken der Erfordernisse)

Schneider, Kürschner, Perückenmacher
Haut: zart, fein (sensibel)
Handtyp: konisch (künstlerisch)
　　konisch/spatel gemischt (Fantasie und Handfertigkeit)
Finger: eckig (Präzision, Zuverlässigkeit)
　　Apollofinger lang, spatel (maßgerechtes Gestalten)
Linien: Saturnlinie Beginn im Mondberg (Fantasie und Schönheitssinn werden umgesetzt)
　　Sonnenlinie (durch die Empfindungswelt erfolgreiches Wirken)

Schornsteinfeger
Handform: feste, etwas breitere Hände (widerstandsfähig)
Handtyp: spatel (praktische Fähigkeiten)
  spatel/konisch gemischt (Beruf als Ambition)
Handberge: gut gewölbter Venusberg (Widerstandsfähigkeit, Vitalkraft)
  gut gewölbter Mondberg (wechselhaftes Umfeld)
  gut gewölbter Merkurberg (gute Routine)
  gut gewölbter Marsberg (Mut und Aktivität)
Linien: klar gezeichnete Herzlinie (gute Durchblutungs-
  und Kreislaufverhältnisse)
  gut gezeichnete Kopflinie, Ende zwischen Mars- und
  Mondberg (richtungsbestimmtes Denken, schwindelfrei)

Schreiner, Tischler, Glaser
Handtyp: spatel/konisch gemischt (kunstfertig in der
  Materialbehandlung)
  eckig/knotig gemischt (Zusammenfassung von Intel-
  lekt und Sinngebung)
Finger: langer Apollofinger, spatel (geschickt im Umgang
  mit Werkzeugen)
Handberge: mittelgroß, gewölbt (verständnisvolle Sach-
  lichkeit)
Linien: gute klare Herzlinie (Wohlbefinden, Einklang mit
  sich selbst)
  Kopflinie Ende mittlerer Mondberg (Wirkung und
  Einwirkung)

Schriftsteller: 1. Wissenschaft; 2. Romane; 3. Gedichte,
  Lyrik; 4. Reisebeschreibungen
1. *Wissenschaft*
Handtyp: eckig (intellektuelle Ausrichtung)
  eckig/spatel gemischt (Kulturpionier)
Handberge: mittelgroß gewölbte oder normal gewölbte
  Berge (lebensoffen)

Linien: Kopflinie zwischen Mars- und oberem Mondberg (verstandesbezogen)

klar geprägte Saturnlinie, die von der Handwurzel oder von der Handmitte aufsteigt (Selbständigkeit durch Ausdauer, Forschung)

klar gezeichnete Magenlinie (Geduld und Beständigkeit)

2. *Romane*

Handform: füllig (beeindruckbar)

Handtyp: konisch (Stimmung und Empfindung)

Finger: konisch (stimmungsabhängig)

Handberge: gut ausgeprägter Venusberg (Lebensfreude)

gut gewölbter Mondberg (fantasievoll)

Linien: Intuitionslinie (Einfallsreichtum)

Saturnlinie Anfang Mondberg (Wechsel und Wandlung des Lebens)

3. *Gedichte, Lyrik*

Handtyp: konisch (empfindungsvoll)

konisch/ideal gemischt (feinsinnig)

Handberge: gut gewölbter Mondberg (Empfindungstiefe, Kreativität)

gut gewölbter Venusberg (Schönheitsliebe)

Linien: gute klare Kopflinie, die im Mondberg endet (Idealismus)

Sonnenlinie (Feinsinnigkeit)

Intuitionslinie (Seelentiefe)

4. *Reisebeschreibungen*

Handtyp: spatel (Lebenskünstler)

spatel/knotig gemischt (vielseitig in Kenntnis und Können)

Handberge: gut gewölbter Mondberg (Erlebnistiefe)

gut gewölbter Venusberg (Sinn für Lebensgenuß)

gut entwickelter Merkurberg (geistiges Schaffen, Talent für gute Wiedergabe)

Linien: Saturnlinie Beginn im Mondberg (günstig für Berichterstattung)

Schuster
Handtyp: spatel/konisch gemischt (praktisch, kunstge-
rechte Handfertigkeit)
Daumen: kräftig (kraftvolle Persönlichkeit)
Handberge: gut gewölbt (Energiereserven)
Linien: Kopflinie Ende im mittleren Mondberg (Ideale
und Phantasie)
Saturnlinie: Beginn im Mondberg (Gestaltungsfähigkeit,
bewegt durch äußere Einflüsse – Mode, Konjunktur)

Seemann, Matrose
Handform: kräftig, breit (Zähigkeit)
Handtyp: spatel (Lebenspraktiken)
spatel/knotig gemischt (praktisch und naturverbunden)
Daumen: kräftig (kann für sich einstehen)
Handberge: gut gewölbter Mondberg (innere Beziehung
zu den Elementen, Ausweitung des seelischen Hori-
zontes)
gut gewölbter Merkurberg (wache Sinne)
Linien: Saturnlinie Beginn im Mondberg (Freiheitsliebe)

Sekretärin
Handtyp: eckig/konisch gemischt (Verstand und Empfindung im Wechselspiel)
knotig/ideal gemischt (auf die Umwelt bedacht)
Finger: langer Merkurfinger, zugespitzt (redegewandt,
diplomatisch)
Fingerglieder: zweites und drittes Glied mit vielen
feinen Längslinien (Kommunikationsfähigkeit)
Daumen: lang mit biegsamem ersten Fingerglied (sich gut
in etwas hineinversetzen können)
Handberge: zart gewölbt (gute Umgangsformen, Gewandtheit)
Hauttextur: sehr zart und fein (gutes Niveau)
Linien: alle Hauptlinien klar und nicht zerrissen (sich auf
alle Erfordernisse gut einstellen können)

Steinmetz, Steinsetzer
Handform: fest, breit, kräftig (Stabilität)
Handtyp: spatel (praktisch, strebsam, erfinderisch)
  spatel/konisch gemischt (praktisch, kunstfertig)
Daumen: kräftig (willensstark)
Handberge: gut gewölbter Venusberg (widerstandsfähige
  Konstitution)
  gut gewölbter Mondberg (Empfindungstiefe)
  gut gewölbter Merkurberg (gutes Denkvermögen,
  Verläßlichkeit)
  gut gewölbter Marsberg (kann Kraft in Materie inve-
  stieren)
  gut gewölbter Saturnberg (Nachdenklichkeit, Unabhängigkeitsliebe)
Linien: klare Herzlinie (gutherzig, harmonisch im Umgang)
  klare Kopflinie (deutliche Vorstellungen)

Stellmacher, Wagenbauer
Handform: kräftig, groß und breit (große Energie)
Handtyp: spatel (zielstrebig, erfinderisch)
  spatel/konisch gemischt (stimmungsmotiviert)
Handberge: gut gewölbter Venusberg (Lebensfreude,
  Kunstsinn)
  gut gewölbter Mondberg (schöpferische Tätigkeiten)
  gut gewölbter Merkurberg (gutes Planen)
  gut gewölbter Marsberg (gezielte Handhabung, Fer-
  tigkeit)
  gut gewölbter Jupiterberg (geistig übergeordnete, er-
  folgversprechende Einstellung)
Linien: klar gezeichnete Herzlinie (Gleichmaß im Verhalten, Gelassenheit)
  klar gezeichnete Kopflinie, die zum oberen Mondberg
  führt (Naturliebe, ideale Einstellung)

Spediteur
Handtyp: spatel/eckig gemischt (guter Diplomat)
Finger: spatel (materiell denkend, praktische Betätigung)
Handberge: gut gewölbt (Kraft zur Handhabung)
Linien: Kopflinie Ende im Mondberg (vielseitig, findig,
    geschickt)
    klar markierte Herzlinie (aufgeschlossen, offen)
    gut gezeichnete Magenlinie (Ausdauer, gute Ner-
    venkraft)
    Saturnlinie Beginn im Mondberg (Beweglichkeit, be-
    günstigt den Wechsel)

Tänzerin, Tänzer
Handform: lang, schmal (feinnervig, sensibel)
Handtyp: zart konisch (künstlerische Begabung)
    ideal/eckig gemischt (Mitempfinden, verstandesbe-
    zogen)
Daumen: biegsam (anpassend, beweglich, anschmiegsam)
Handberge: fein gewölbter Venusberg (Begabung für
    Tanz, Rhythmus, Bewegung)
    fein gewölbter Mondberg (Seelentiefe)
Linien: klar gezeichnete Herzlinie (Offenheit, Ausstrah-
    lungskraft)
    gut geprägte Saturnlinie (Lebenstraining)
    Intuitionslinie (schöpferisch)
    Sonnenlinie klar geprägt und lang (erfolgreiche
    Laufbahn)

Taucher
Handtyp: eckig/konisch gemischt (gesteuerte Erlebnis-
    tiefe)
Finger: konisch/knotig gemischt (geistig motivierte Erle-
    bensweise)
Handberge: gut gewölbter Venusberg (Vitalität)
    gut gewölbter Mondberg (vertraut mit dem Wasser-
    element)

gut gewölbter Merkurberg (Einschätzungsvermögen)
gut gewölbter Marsberg (Mut und Tatkraft)
Linien: klar gezeichnete Herzlinie (gute Funktion: Kreis-
lauf, Durchblutung)
klar gezeichnete Kopflinie, die in den oberen
Mondberg reicht (Naturliebe)
Kopflinie, die in den unteren Mondberg reicht
(Gefahren)

Telefonist, Funker
Handtyp: eckig (Verstandesmensch)
eckig/spatel gemischt (gezielte Kontaktsuche)
Handberge: gut gewölbter Merkurberg (redebewußt, auf-
merksam)
gut gewölbter Mondberg (Nutzung schöpferischer
Kräfte)
gut gewölbter Marsberg (Energie, einsatzfreudig)
gut gewölbter Venusberg (Vitalität)
Linien: klar geprägte Kopflinie (gesunde Sinnesorgane)
gut gezeichnete Magenlinie, die in den Merkurberg
reicht (widerstandsfähige Nerven, Durchstehvermö-
gen, kontaktfreudig)

Theologe, Geistlicher, Pfarrer, Priester, Pastor
Handtyp: eckig (intellektuelle Gedankenrichtung, konventionell)
spatel/eckig gemischt (verstandesbezogene Kamerad-
schaftlichkeit)
konisch/knotig gemischt (motiviert zur Seelsorge)
Finger: langer Apollofinger (stellt sich auf die Umwelt ein,
Anpassung)
langer Merkurfinger (beredsam und ausdrucksstark)
Handberge: gut gewölbter Jupiterberg (Wohlwollen, Ausstrahlung, Wahrhaftigkeit, Priestertum)
gut gewölbter Venusberg (Lebensbejahung, Kraft-
fülle)
gut gewölbter Mondberg (seelisch kontaktfreudig)

Linien: Saturnlinie, Beginn im Mondberg, zum Jupiterberg strebend (Verbindung von Seele und Geist, Erkenntnis, Weisheit)
lange Kopflinie, die im mittleren Mondberg mündet
(ideale Grundeinstellung)
lange Sonnenlinie (Ethik und Ästhetik)
lange Herzlinie, die bis in den Jupiterberg reicht
(Nächstenliebe)
Intuitionslinie (Innenwissen)
Zeichen: Dreieck auf dem Mondberg (zu Mystik neigend)

Tierarzt (Veterinär)
Handtyp: spatel (praktische Vielseitigkeit, gutmütig)
spatel/konisch gemischt (empfindungsmotiviert,
praktisch)
konisch/knotig gemischt (angeborene Tierliebe)
spatel/eckig gemischt (Chirurg)
Daumen: gerade und kräftig (Selbstsicherheit)
Handberge: alle gut gewölbt (Lebensenergie)
Linien: alle klar gezeichnet (Wachheit, Überblick)
Kopflinie Ende im mittleren Mondberg (Tierliebe,
Naturliebe)
Zeichen: großes Dreieck von Magen-, Kopf- und Lebens-
linie (Verstärkung der Widerstandsfähigkeit)

Tierzüchter
Handtyp: spatel (praktische Gestaltung mit dem Lebendigen)
konisch/knotig gemischt (sinnbewußter Umgang mit
dem Leben)
Handberge: mittelgroß ausgeprägt (mehr sachliche als
subjektive Einstellung)
Linien: Verlauf der Kopflinie in den oberen Mondberg
(naturverbunden aus praktischen Beweggründen)
klar gezeichnete Magenlinie (anhaltende Einsatzbereitschaft der Nervenkräfte)

Töpfer
Handtyp: spatel (praktische Handfertigkeit)
  spatel/konisch gemischt (künstlerische Gestaltungs-
  gabe)
Daumen: kräftig (Gefühl und Sicherheit)
Finger: langer Apollofinger, spatel (Schönheitsgestaltung)
Handberge: alle gut gewölbt (Sinn und Kraft zum feinen
  Ausformen)
Linien: Kopflinie Ende im mittleren Mondberg (Kreativi-
  tät)
  längere Apollolinie (Kunstbegabung, »glückliche
  Hand«)

Uhrmacher
Handtyp: spatel (Sinn für das Regelmäßige)
  eckig/konisch (Genauigkeit im Tun)
Daumen: kräftig, erstes Glied zugespitzt (findig und Ruhe
  zum Fertigen)
Finger: langer Apollofinger (Sinn für Formgebung)
  kleine Ballen auf den Fingerkuppen (Feinempfinden,
  Tastvermögen, Qualitätssinn, Präzision)
Handberge: gut gewölbt (Attribute der Harmonie)
Linien: Kopflinie Ende im oberen Mondberg (ideale
  Ausrichtung)
  Saturnlinie Beginn im Mondberg (aufnahmebereit für
  Einflüsse aus der Fantasie)
  Intuitionslinie (Intelligenz, Sensitivität)

Visagist, Maskenbildner
Handtyp: konisch (sinnenfreudig, romantisch, empfindsam, ideal)
  konisch/spatel gemischt (praktische Kunstfertigkeit)
  konisch/knotig gemischt (dient dem Würdevollen)
Handberge: zart gewölbt (Feinfühligkeit)
Linien: Kopflinie, die im mittleren Mondberg endet
  (schöpferische Vorstellungen)
  lange Apollolinie (Ethik und Ästhetik)
Zeichen: Stern auf Apolloberg (erfolgreich)

Versicherungsagent, Verkäufer
Handtyp: spatel/konisch gemischt (praktisch, beweglich, abwechslungsliebend)
  eckig/konisch gemischt (richtet Empfindung nach der Nützlichkeit)
Finger: langer Merkurfinger (Vermittlungsgabe, redegewandt)
Handberge: gut ausgeprägter Merkurberg (Handelstalent)
  gut ausgeprägter Marsberg (Einsatz, strategisch)
  gut ausgeprägter Mondberg (vielseitige Orientierung)
  gut ausgeprägter Jupiterberg (jovial, vertrauenerweckend)
Linien: klar gezeichnete Kopflinie (durchdachtes Vorgehen)
  klar gezeichnete Magenlinie (tragfähige Nervenbasis)
  klar gezeichnete Saturnlinie (wird auf die inneren Gesetze gewiesen)

Wachmann
Handtyp: eckig (Genauigkeit, Pünktlichkeit, Ordnungssinn)
  eckig/spatel gemischt (planen und praktizieren)
Daumen: kräftig (unbeirrbar)
Finger: langer Jupiterfinger (bestimmt, überzeugt)
Handberge: gut gewölbt (unterstützende Lebensenergien)
Zeichen: Großes Dreieck bestehend aus Magen-, Kopf- und Lebenslinie (verstärkte Vitalkraft, Zähigkeit)

Weber, Spinner, Färber
Handform: breitere Hände (Kraft zum Hantieren)
Handtyp: spatel/knotig (sinnbewußte Darstellung)
  spatel/konisch gemischt (künstlerische Elemente im Praktischen)
Handberge: gut gewölbter Venusberg (Kunstsinn für Form und Farbe)

gut gewölbter Mondberg (schöpferische Fähigkeiten, Fantasie)

gut gewölbter Merkurberg (Überlegung, Treffsicherheit)

gut gewölbter Marsberg (Energie für Ausführung)

Linien: klar gezeichnete Herzlinie – normale Höhe – (positive Einstellung)

klar gezeichnete Kopflinie (eindeutige Entscheidungen)

Zahnarzt, Dentist

Handform: feste Hand (Kraft, charaktervoll)

Haut: zart, fein, durchlässig (gutes Niveau)

Handtyp: spatel/eckig gemischt (praktisch, technisch)

spatel/konisch gemischt (Liebe zur Ausübung)

konisch/knotig gemischt (Motivierung aus Nächstenliebe)

Finger: Apollofinger spatel (kunsthandwerklich)

Daumen: gut gestaltet (entgegenkommendes Wesen)

Handberge: ausgeprägter Venusberg (gute Lebensqualität)

ausgeprägter Merkurberg (klare Gedankenkräfte)

ausgeprägter Saturnberg (guter Kontakt zum Material)

Linien: Kopflinie Richtung Mondberg (Mitempfinden)

Zeichner, 1. Konstrukteur, 2. Designer

1. *Konstrukteur*

Handtyp: eckig/spatel gemischt (praktiziert Genauigkeit und Ordnung)

Handberge: mittelgroß, gut gewölbt (gute Energiespeicher)

gut gewölbter Merkurberg (Überblick)

gut gewölbter Saturnberg (gute Verbindung von Material und Gestaltung)

Linien: Kopflinie Richtung oberer Mondberg (aufgeschlossene Sinne) klar gezeichnete lange Saturnlinie (Ausdauer und Konzentration)

2. *Designer*

Handform: schmal (feinnervig)

Finger: konisch/ideal gemischt (Feinheit in den Ausführungen, stimmungsvoll)

konisch/eckig gemischt (Überlegung und Empfindung)

Handberge: gut gewölbter Venusberg (Kunstverständnis, das Schöne suchend)

gut gewölbter Mondberg (seelischer Zustrom)

gut gewölbter Merkurberg (Einschätzungsvermögen)

Linien: klar gezeichnete Kopflinie, Ende im Mondberg (Gestaltung in das zu Schaffende)

klar gezeichnete Saturnlinie (Konzentrationsfähigkeit, inneres Sammeln)

klar gezeichnete Sonnenlinie (von Erfolg getragen durch innere Vertiefung)

Intuitionslinie (Einfallsreichtum)

Zollbeamter

Handform: kräftig (Stabilität)

Handtyp: spatel (Zähigkeit, Beweglichkeit, Zielstrebigkeit)

Finger: spatel/konisch gemischt (verstärkte Durchführungsgabe durch Vorstellung bewirkt)

Handberge: gut gewölbter Venusberg (Vitalkraft, Energie)

gut gewölbter Marsberg (Tatkraft, Mut)

gut gewölbter Mondberg (intuitives Erfassen der Geschehnisse)

Linien: klar gezeichnete Kopflinie, die zum Marsberg hinführt (verstandesbezogenes Denken)

Saturnlinie (wird von den geistigen Gesetzmäßigkeiten gefordert)

klar gezeichnete Magenlinie (Festigkeit im eigenen Gefüge)

Fünfter Teil

Praktische Beispiele
für die Berufseignung

Praktische Beispiele
für Berufseignung

Ein Handeigner, der eine Berufseignungs-Beratung eingeht, hat zum Beispiel Interesse für eine kaufmännische Tätigkeit, besonders in Übersee, für Export, für Plantagenbetrieb, aber auch für Charakterologie. Es muß analysiert werden, ob auch die Fähigkeiten diesen drei Berufsarten entsprechen.

Während die beiden ersten Berufsarten Kenntnisse im Praktischen voraussetzen, ist Charakterologie ein rein wissenschaftlicher Beruf.

Nachstehend die Analyse der Handform für den kaufmännischen Beruf, besonders Übersee, Export:

Die gemischte Handform läßt erkennen, daß Vielseitigkeit im Denken und Handeln veranlagt ist. Der Daumen ist gerade und stabil, kräftig, nur an der Spitze etwas gebogen. Es zeigt einen Menschen an, der einen starken Willen, Durchführungskraft, Persönlichkeitsbewußtsein und Selbständigkeitsdrang sowie eigenen Sinn und Anpassungsvermögen besitzt. Aufgrund dieser Fähigkeiten würde sich also der Betreffende zu einem Beruf eignen, bei dem selbständiges Denken und Handeln erforderlich sind. Für einen guten Kaufmann sind Genauigkeit, Gewissenhaftigkeit, praktisches Denken, Gewandtheit und Intuition notwendig. Dem Handeigner dieser gemischten Handform wird es durch seine Vielseitigkeit nicht schwer fallen, in diesem Beruf erfolgreich zu sein, zumal der eckige

Mittelfinger auf Sinn für Genauigkeit, Gewissenhaftigkeit, Verantwortungsbewußtsein und Nachdenklichkeit hinweist. Der spatelförmige Ringfinger wie auch die ganze Handform deuten auf praktisches Denken und Handeln, außerdem auf Sinn für Farben und Formen (zum Beispiel Dekoration). Der spitze Kleine Finger mit seinem langen ersten Fingerglied spricht für Intuition und Rednergabe.

Weitere ergänzende Einzelheiten sind aus der Innenhand zu ersehen. Eine lange, gut gezeichnete Kopflinie, ein normal gewölbter Merkurberg, eine klare, unzerrissene Saturnlinie bekunden einen erfolgreichen Lebensweg.

Für Erfolg in Export und in Übersee sollten weitere begünstigende Zeichen, die positiv auf Reisen, Veränderungen und äußere Einflüsse hinweisen – ein normal gewölbter Mondberg und eine durchgehende Schicksalslinie, die im Mondberg ansetzt –, vorhanden sein. Im Hinblick auf die unterschiedlichen klimatischen Verhältnisse und Strapazen ist es wichtig, die Herzlinie zu beachten. Auch diese Linie sollte klar geprägt und frei sein von negativen Merkmalen (siehe *Medizinische Hand- und Nageldiagnostik*, Verlag Hermann Bauer, Freiburg).

Ein Pflanzer sollte vielfältige Fähigkeiten vorweisen, um als Persönlichkeit und Vorgesetzter anerkannt zu werden. Dies setzt einen langen Zeigefinger (Selbstwertempfinden und Selbstbewußtsein), einen gut ausgeprägten, kräftigen Daumen (Durchsetzungsvermögen) sowie eine kompakte, feste und breite Handform (stabile Körperkonstitution) voraus.

Auch für diesen Beruf sind ein guter Merkur- und Mondberg, eine im Mondberg ansetzende Saturnlinie sowie ein gut gewölbter Marsberg (Mut, Standfestigkeit und Geistesgegenwart) erforderlich.

Eine Eignung für den wissenschaftlichen Beruf Charakterologie ist ein langer Daumen, der Persönlichkeitsbewußtsein anzeigt, Voraussetzung. Der Handeigner vermag geistigen Einfluß auszuüben. Es kombinieren sich ein spitzer Kleiner Finger (gutes Einfühlungsvermögen durch Intuition), ein langes erstes Fingerglied des Kleinen Fingers (Sinn für Okkultismus), sehr zarte helle Haut (großes Zartgefühl), volle Handberge (Sinn für Lebensgenuß), eckige Form des Mittelfingers (Systematik und Genauigkeit), leichte Spatelform des Ringfingers (Sinn für Farben und Formen), zarte Knotenbildung an den Fingergelenken (Nachdenklichkeit). Vielseitiges Denken (gemischte Handform) ergibt in Verbindung mit den oben erwähnten Eigenschaften Sinn für Imitation, Nachempfinden, Nacherleben. Ergänzend dazu erforderlich sind gut ausgeprägte Berge, eine in den oberen Teil des Mondberges verlaufende Kopflinie, eine klare lange Herzlinie, Intuitionslinie und eine aus dem unteren Mondberg aufsteigende ungebrochene Schicksalslinie. Begünstigend ist ein Dreieck auf dem Mondberg und eine lange Apollolinie.

Angenommen, ein Handeigner hätte eine konische Handform mit weichen, vorwiegend teigigen Händen, würde keiner der drei Berufe in Frage kommen, da er die dafür erforderlichen Eigenschaften nicht mitbringt, sondern es ihm als Stimmungs- und Empfindungsmensch an Tat und Durchführungskraft mangelt.

Im kaufmännischen Bereich im Hinblick auf seinen Sinn für Lebensgenüsse wäre er als Delikatessenhändler vorstellbar, es fehlen ihm jedoch Genauigkeit und Handfertigkeit, da bei ihm eine praktische Denkweise nicht veranlagt ist. Auch der Beruf eines Lageristen, Disponenten, Technikers, Mathematikers ist für ihn ungeeignet. Wohl verfügt er über Instinkt, doch fehlt ihm der Sinn für Einteilung und Wirtschaftlichkeit.

Dieser konische Handeigner würde sich wohler fühlen im Modebereich. Sicher würde ihm die Schauspielkunst (weniger textgebunden klassisch, mehr modern) liegen, bei genügendem Interesse auch der Beruf eines Schriftstellers, jedoch vorzugsweise in Richtung Liebesromane.

Für einen Ratsuchenden mit eckigen Händen und knotigem Einschlag wäre die Konstitution zu zart für das mitunter sehr strapaziöse Leben eines Exportkaufmannes in fremden Ländern. Da seine Fähigkeiten sich mehr im Theoretischen bewegen, würde er sich für eine Schreibtischarbeit eignen. Deshalb käme der Handeigner auch nicht als Pflanzer in Betracht. Bei entsprechenden Merkmalen und Linien der Innenhand könnte der Handeigner (knotiger Einschlag) den Beruf eines Charakterologen ausüben.

Ein Handeigner mit spatel/eckig gemischten Händen würde sich ebenso wenig zu einem Pflanzer eignen, da ihm, bedingt durch den eckigen Einschlag, Schwung und Großzügigkeit fehlen. Das konservative Denken, das zum Beispiel für einen Kassierer oder Buchhalter unbedingte Voraussetzung ist, stellt für einen Pflanzer eher ein Hemmnis dar.

Der Handeigner wäre besser dazu geeignet, einen gewissenhaften Beamten abzugeben, besonders für den Innendienst. Außerdem könnte er ein guter Maschinenbauzeichner sein, ein Zeichner für Technik oder Maler für Muster, Ornamente, Stilleben, vielleicht auch Porträts. Diese Hand zeigt ein großes Maß von Handfertigkeit. Sie ist der Typ des Bastlers. Der Handeigner könnte ein sehr genau und korrekt arbeitender, guter Handwerker sein, bei genügender mathematischer Begabung auch Ingenieur oder Mathematiker.

Angenommen, eine Handeignerin mit konischer Handform ist interessiert an einer chemisch-technischen Tätigkeit und an dem Arztberuf. Beide Berufe sind bei dieser konischen Handform gänzlich ungeeignet, denn die Handeignerin ist mehr Empfindungs- als Verstandesmensch. Es fehlt ihr die Gemütsruhe, Genauigkeit und Gewissenhaftigkeit in der Arbeit. Sie ist zu sehr Genießer und Schwelger, zu bequem, stimmungsabhängig und phlegmatisch, um ein Studium absolvieren zu können. Als Kindergärtnerin wäre sie gut geeignet, sofern ein anderer für Ordnung sorgt und Verantwortung übernimmt. Auch in der Modebranche (zum Beispiel beim Entwerfen von Kleidern) könnte sie durch ihren Ideenreichtum erfolgreich sein.

Repräsentative Aufgaben entsprechen ihrer Persönlichkeit. Auf dienstbare Geister kann sie dabei jedoch nicht verzichten.

Eine Handeignerin mit konischer Handform und eckigem Einschlag weist auf Eignung zur chemisch-technischen Assistentin. Sie besitzt die erforderliche Genauigkeit, Gewissenhaftigkeit sowie innere Aufgeschlossenheit und Intelligenz für diesen Beruf. Ihre wahre Erfüllung würde sie in Ehe oder Partnerschaft finden, da sie nicht nur ein angenehmes, liebevolles Wesen besitzt, sondern auch ein guter, seelischer und geistiger Kamerad ist.

Eine andere Handeignerin mit ideal/konisch/knotiger Handform besitzt Fähigkeiten zum Arztberuf, da tiefe innere Erlebnisfähigkeit, geistige und seelische Qualitäten, Intuition, praktischer Sinn, Handfertigkeit und philosophisches Denken sowie angeborene Menschenkenntnis vorhanden sind.

Gemischte Handformen (ursprünglich-spatel, spatel-eckig, spatel-knotig) lassen auf mehr handwerkliche, weniger auf theoretische Fähigkeiten schließen.

Einer Handeignerin mit der idealen Handform ist es sehr schwer, einen Beruf anzuraten. Sie kann auf Dauer einem Berufsleben nicht standhalten. Einem Partner mit geistigem Beruf ist sie eine warmherzige, geistige und seelische Kameradin.

Praktische Beispiele sind eine Anregung, wie man mit System eine chirologische Berufsanalyse vornimmt.

Berufsanalyse

Buchhändler, Schriftsteller, Vortragskünstler

Handform: mittelgroß, zarte Hautbeschaffenheit (empfindungsstark, begeisterungsfähig, sensibel)

Handtyp: konisch (gesammelte Stimmungs- und Empfindungswelt)

Knoten auf dem ersten und zweiten Gelenk (eigenwillig, intelligent)

Daumen: konisch, lang, zugespitzt (Einfühlungsgabe, Findigkeit)

leicht gebogen (Höflichkeit, Anpassung)

Finger: Apollofinger länger als Jupiterfinger (auf die Resonanz der Umwelt eingestellt, künstlerische Fähigkeiten)

langer Merkurfinger (Rednertalent)

Haltung des Merkurfingers (eigene Denkweise, für andere nicht immer faßbar, »gute Denkantenne«)

Handberge: mittelgroß gewölbt (verhaltene Warmherzigkeit, Zähigkeit)

kombinierte, verschobene Handberge (gemischte Charakteristik, Vielseitigkeit)

verschobener Jupiterberg kombiniert mit Saturnberg (Strebsamkeit wird durch den eigenen Lebensrahmen bestimmt)

verschobener Venusberg kombiniert mit Saturnberg (Ausgewogenheit des Ernsten und des Heiteren)

verschobener Merkurberg kombiniert mit Apolloberg (Empfinden und inneres Erleben werden von der Gedankenwelt durchdrungen)

Linien: Längslinien auf den zweiten und dritten Fingergliedern (Kontaktfreude und Kommunikationsgabe)

gut geprägte Lebenslinie beidseitig (Lebensstärke, Zähigkeit, Widerstandsfähigkeit)

Lebenslinie am unteren Venusberg geteilt (Kraftreserven)

Kopflinie Beginn im Jupiterberg (positive Lebenseinstellung)

Kopflinie beidseitig abzweigende Linien (Vielseitigkeit)

Kopflinie unverbunden mit der Lebenslinie (Offenheit, Spontaneität, Enthusiasmus)

Herzlinie beidseitig mit Kopflinie verbunden, eine Linie bildend (zeigt die gesperrte Hand an = Gedankenkraft und Empfindungswelt kombiniert im ständigen Austausch, geistig bis zum äußersten fähig, bei Selbstkontrolle große Vielfalt. Die Lebenszeit ist nicht bestimmbar.)

Venusgürtel teilweise ausgebildet, beidseitig (Neigung zu Poesie und Literatur)

zweite Saturnlinie, die von der Lebenslinie aufsteigt (intensives Bemühen um Selbständigkeit)

Saturnlinie, linksseitig, aus Mondberg aufsteigend (Impulse aus der Öffentlichkeit, in vielfältiger Erscheinungsform, die der beruflichen Aufgabe dienen, gute Wiedergabefähigkeit und Darstellung)

Saturnlinie, rechtsseitig, aus der Handmitte aufsteigend (intensiver bewußter Einsatz, Fleiß, Verwirklichung der Bemühungen)

Magenlinie, linksseitig, – teilweise zerrissen – vorhanden (Nervenkraft weniger konstant)

Magenlinie, rechtsseitig, etwas klarer gezeichnet (Nervenkraft ausgeglichener)

lange Intuitionslinie, rechtsseitig, die in der Magenlinie mündet (Sensitivität, Intelligenz, Innenwissen, schöpferische Fähigkeit)

kombinierte Linien: Magenlinie, Venusgürtel, Kopflinie, Saturnlinie (Begabung, ethische, geistige Gesetzmäßigkeiten zu begreifen, in Wort und Schrift zu gestalten und zu übermitteln)

Die Linienstruktur der Innenhand
als Verbindungsschlüssel
zum Plan der Evolution

Sowohl die weiblichen als auch die männlichen Prinzipien bilden in jedem Individuum das Kraftfeld seiner Basis. Nach dem Einwirken dieser Energien und ihrer Nutzung wird die Entwicklung des Einzelnen gefördert.

Das Verhältnis der Linien zueinander in der Hand läßt erkennen, wie diese Enegieströme bei einem Handeigner zum Tragen kommen. Es gilt zu ermitteln, ob sie in ihrer Zeichnung und Länge harmonisch zueinander stehen oder wo oder ob sie noch durch innere Wandlung zum Gleichgewicht geführt werden müssen.

1. Die Lebenslinie = das Leben, weiblich
2. Die Schicksalslinie = das Bewußtsein, männlich
   Sie bilden ein Ergänzungspaar.
3. Die Kopflinie = das Denken, männlich
4. Die Herzlinie = das Empfinden, weiblich
   Sie bilden das zweite Ergänzungspaar.

Beide entwickelten Ergänzungspaare sollten harmonisch miteinander abgestimmt sein. Die Ausgewogenheit dieser vier Hauptlinien ist aus ihrer gleichmäßigen Länge ersichtlich. Sind diese Energieströme unterschiedlicher Länge, findet sich die Erklärung für die fehlende Entwicklung bereits in der Zuordnung der Linien in ihrer Bedeutung und Aussage.

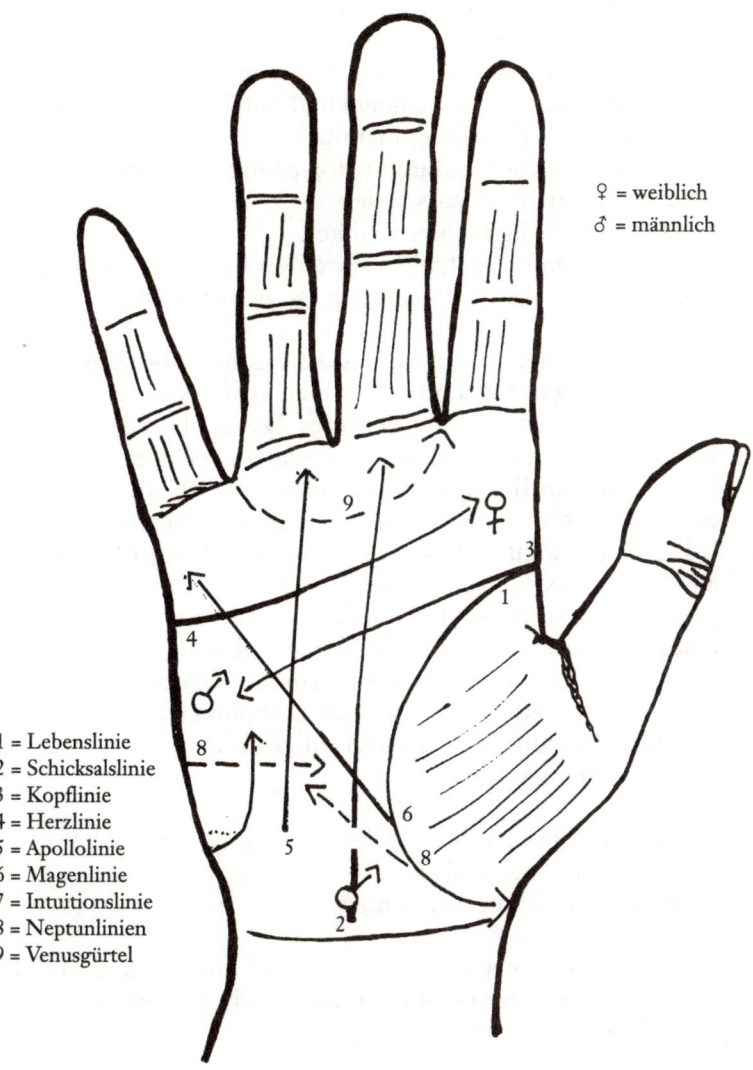

♀ = weiblich
♂ = männlich

1 = Lebenslinie
2 = Schicksalslinie
3 = Kopflinie
4 = Herzlinie
5 = Apollolinie
6 = Magenlinie
7 = Intuitionslinie
8 = Neptunlinien
9 = Venusgürtel

1. Die kürzere Lebenslinie, weiblich:
   eine bessere Versorgung und ausgleichende Betreuung des Physischen ist anzustreben.
2. Die kürzere Schicksalslinie, männlich:
   ein bewußteres Leben, ein konsequenteres geistiges Ausgerichtetsein im Handeln und Tun ist zu erarbeiten.
3. Die kürzere Kopflinie, männlich:
   das Denkvermögen durch Erforschung der inneren Zusammenhänge ist zu schulen.
4. Die kürzere Herzlinie, weiblich:
   die Empfindungsfähigkeit durch größere Aufgeschlossenheit für den Mitmenschen ist zu vertiefen.

Diese vier Hauptlinien, auch als das »Große M« bekannt, weisen in ihrem Gesamtbild auf den sich geistig entwickelnden Menschen. Sein geistiges Dasein bezeugt sein wahres unsterbliches Wesen, in seinem Werdegang zu einem höheren Bewußtsein. Es bekundet mehr und mehr den Einklang mit seinem eigenen inneren Wesen.

Die Berufswahl steht damit oft unbewußt im Hinblick auf diese Zielsetzung in Verbindung.

Die männlichen und weiblichen Prinzipien führen zu einer gemeinsamen Mitte der Neutralität und gleichzeitig über die eigene Persönlichkeitsstruktur hinaus. Sie wird durch das Gesetz der Neutralität diszipliniert, geordnet, um den Einklang in sich selbst zu erleben.

Drei weitere Linien: die

5. als Magenlinie, die
6. als Sonnenlinie und die
7. als Intuitionslinie bezeichnet,

sind in ihrem Energiefeld neutral und können den vier vorausgegangenen Hauptlinien eine noch stärkere Aussagekraft zumessen. Die

8. Linie Venusgürtel, weiblich/männlich und die
9. Linie Gift- oder Neptunlinie, männlich/weiblich, sind
   durch ein gutes Kräfteverhältnis der vier Hauptlinien
   und der drei Ergänzungslinien Untergeordnete. Sie
   werden sich durch die positiven Energien zurückbilden
   und auflösen.

Nicht nur der Beruf, sondern das Leben als Aufgabe,
schult den Menschen, mit seinen Kräften würdevoll um-
zugehen, sie aufeinander abzustimmen, um geistige Erfüllung zu finden.
   Jeder Mensch ist dem innersten Wesen nach dem anderen gegenüber gleichberechtigt und ebenbürtig. Das zu
erkennen führt zur Versöhnung mit sich selbst, zum
Frieden mit anderen und zum wahren Menschentum.

Beschreibung zu der Hand auf dem Einband

Die 74jährige Handeignerin besitzt eine wohlgeformte zeitlos jugendliche Hand.

Der Handtyp ist gemischt eckig-konisch-spatel mit knotigem Einschlag. Es besteht ein Einklang von Theorie und Praxis. Der Verstand hat sich durch die Lebenspraxis der Empfindungswelt unterstellt, wandelte sich in Vernunft.

Die Finger in offener Haltung weisen auf einen offenen aufrichtigen Menschen mit natürlicher Wesensart aufgrund seines inneren Niveaus und seiner Herzensbildung.

Die Spatelform des Ring- und Kleinen Fingers bezeugt sehr gute Darstellungsgabe in Kunst, Rede und Schrift. Der knotige Einschlag am Mittel- und Ringfinger gibt Ordnungssinn, sowohl gedanklich als auch praktisch, zu erkennen. Im Wissen um das geistige Gesetz wird auch die Umwelt mit einbezogen.

Der Daumen ist lang und fein gestaltet. Die Persönlichkeit ist vornehm in der Gesinnung. Die Daumenspitze zeigt ein gut geformtes Profil. Die Handeignerin ist höflich und besitzt Einfühlungsvermögen. Der Daumen ist im ganzen betrachtet straff. Die Handeignerin kann sich durch ihre klare, entwickelte Art gut durchsetzen und Geltung verschaffen.

Der längere zart konische Zeigefinger weist auf Strebsamkeit und Empfindungstiefe für das Religiöse.

Alle Linien (Lebens-, Kopf-, Herz-, Schicksals-, Apollo- und Magenlinie) bilden eine harmonische Einheit. Der individuelle Entwicklungsweg kommt in dem Energiemuster der Handlinien gut zum Ausdruck. Hier offenbart sich ein ethischer und ästhetischer Mensch mit großer Bildung, Fürsorglichkeit und großem Verantwortungsbewußtsein. Aus der Zeichnung von Merkurberg, Kopf- und Magenlinie läßt sich der Sinn für rechtes Maß, ein wacher Geist und Urteilsvermögen ableiten.

Für den geübten Betrachter ist aus dem Gesamtbild der Hand ein Mensch von großem Format zu ersehen, dem man Vertrauen schenken kann.